印度人的习性

印度文化读书札记

丁元竹　著

商务印书馆
The Commercial Press

丁元竹

现任中共中央党校（国家行政学院）社会和生态文明教研部教授、博士生导师，创新工程首席专家。承担国家和国际组织委托课题数十项。出版专著十余部，主编著作十余本。在《中国社会科学》（英文版）、《管理世界》、《社会学研究》、《民族研究》、《北京大学学报》、《人民日报》、《光明日报》、《解放军报》、《经济日报》、*Journal of Economics* 等报刊发表论文五百余篇。

目　录

邦各有其道

世界格局正在发生深刻变化。眼下，一些国家在世界百年未有之大变局中获得了更多发展机遇，印度便是其中之一。据说，2022 年，印度已经超越英国，成为世界第五大经济体。印度是个大国，人口超过 14 亿人，深入了解这个国家，对拓展国际视野，理解当今世界发展大势十分必要。恩师费孝通教授在谈到美国人的性格时曾这样说过："我总觉各种文化里长大的人不能互相了解是当前世界的一个严重的问题。以往，世界上各地的人民各自孤立地在个别的处境里发展他们的生活方式。交通不便，往来不易，各不相关。现在却因交通工具的发达，四海一体，天下一家，门户洞开，没有人能再闭关自守，经营孤立的生活了。在经济上我们全世界已进入了一个分工合作的体系，利害相联，休戚相关，一个世界性的大社会业已开始形成。但是各地的人民却还有着他们从个别历史中积累成的文化，不同的文化中有不少价值标准是不相同的。

同样一件事，一句话，可以在不同文化中引起不同的反应。"[1] "不同文化中引起不同的反应"是因为不同的人群、族群因历史、文化、环境、政治、经济等不同因素，内心世界形成自己的特点，有自己的心理和认知机制，进而会对同一问题产生不同的理解和解释。在全球化时代，构建人类命运共同体需要增进不同文化之间的相互交流，相互了解，相互理解，相互接纳，相互认同，相互融合，进而实现共同发展，共同构建人类命运共同体。

2020年初春，我看到了一篇关于印度素食主义的文章，了解到印度文化中因牛的神圣和对其崇拜而不食牛肉的习惯。这些使我突然想到了两个问题，第一个是民族文化中的信仰问题，印度是因为对牛的信仰和崇拜而不食牛肉。我也看到英国人类学家约翰·高乐（John Goren）在其所著《国家的品格》一书中说道："印度教徒鄙视我们吃牛肉，可我们有谁会认为这种反对是合理的呢？"[2] 这反映了文化中的价值问题。第二个是习惯问题，长期坚持的信仰和价值观，久而久之会表现为生活中的不自觉行为，成为习惯，也使我进一步有了解各个民族习惯背后的文化原因的意愿，以及从文化的角度反思民族生活习惯的意义和价值的冲动。

1　费孝通：《美国人的性格》，《费孝通全集》第五卷，内蒙古人民出版社2009年版，第238页。

2　〔英〕约翰·高乐：《国家的品格：看懂美国的第一本书》，高青山译，民主与法制出版社2016年版，"序言"，第5页。

在这样的思路诱导下，我在原先对既往"印度文化中人性与习惯"研究思考的基础上，对自己现有藏书开展阅读，在互联网上搜索有关问题中，进一步分析了印度人的性格和文化习惯，逐步理清了一个基本的思路：世界上各个国家和各民族的文化、国民性和习惯是在长期的历史发展中逐步形成的，久而久之，会成为一种不自觉的行为。这个历史环境既包括他们赖以生存的自然环境，也包括他们历经的历史，还包括在其历史进程中不同民族之间的人口、经济、信息等诸多方面的交流。中国有句俗话叫做"习惯成自然"，这一方面是说，习惯会成为行为中的不自觉活动，久而久之，就会习以为常；另一方面是说，习惯一旦形成就不容易改变，改变了就会觉得不自在，不自在就会自觉地顺从舒服，"恶习难改"也就是这个意思。人类最难能可贵的是能够对自己习以为常的行为进行反思，或叫做自省。自省是文化自觉的一项功夫。1934 年 4 月，在清华大学研究院从事人类学学习和研究的费孝通在《论内省及意识》一文中写道："内省是一种动作，所见的是一种状态，就是所谓意识。动作在被另一动作所'见'时，就也成了一种被见的状态，也成了意识的部分。"[1] 他从当时社会心理学发展的流派和思想分析了内省的方式和方法及其要求，后来，在

---

[1] 费孝通:《论内省及意识》,《费孝通全集》第一卷，内蒙古人民出版社 2009 年版，第 242 页。

其一生中，他不断通过实地观察、内省等方式认识文化和理解人们的行为。

习惯是一个民族文化中的基础性要素。它在长期历史积淀的基础上构成了民族文化的特性。马克思曾经讲过，人就其本质来说，是一切社会关系的总和，而人的特性、国家的国民性则是人们在这种社会关系中，在社会交往中表现出来的真善美、假恶丑。当然在不同的环境中，这种真善美、假恶丑的表现方式、表达方式不一样。任何一个民族的特性都表现为两面性，一方面就是真善美，对待别人所表现出来的真诚、善意和欣赏；另一个方面表现出假恶丑。一个民族的人性如何表现，取决于特定的历史、环境、文化、风俗，等等。"人性决定了固有习惯一旦被打破，就会滋生各种各样的猜测；疑惑像蠕虫一样啃噬着公众意识。在铁路时代，人们担心的是铁路的高速运动会导致奶牛不再吃草，母鸡不再下蛋，母马不再看管自己的马驹，蒸汽机车喷出的烟会让鸟儿落地而亡。"[1] 各个民族的性格的特性是深藏在人民心底的不同世界观、人生观、价值观和审美观，表面上是很难以说清楚的，只有通过各种行为才能表现出来，要使各个民族设身处地想想对方更非易事。在日常生活里，自己民族的文

---

1 〔美〕汤姆·惠勒:《连接未来：从古登堡到谷歌的网络革命》，王昉译，北京时代华文书局 2022 年版，第 219—220 页。

化与别的民族的文化之间是经常打架的，民族之间的
"各美其美"至关重要。历史一再证明，唯我独尊的国
民性持续下来会损害民族的发展和繁荣。这点，我比
较欣赏傅高义先生的看法，"每个国家都能从其他许多
国家学到许多东西。我相信邓小平绝对正确：他呼吁
中国不要跟随任何一种模式，而应研究整个世界发展，
考虑中国可以尝试哪些，之后进行实验并改造那些对
中国国情最为适用者"。[1] 2022 年举行的中国共产党第
二十次全国代表大会全面阐述了"中国式现代化"，既
强调了要立足于中国国情，也考虑要认识各个国家的
共同特征。2019 年春夏之交，我有幸在哈佛大学费
正清东亚研究中心附近的傅高义教授寓所拜访这位睿
智的老人。尽管已经年逾八十，他依然孜孜不倦地在
研究中国的发展和关注中国的进步，不时地询问中国
国内的情况。傅高义是哈佛大学亨利·福特二世社会
学系荣退教授，曾任费正清东亚研究中心主任，著有
《邓小平时代》（2000）等研究中国问题的专著。他在
20 世纪 50 年代曾长期居住日本，对日本社会进行大量
的人类学观察，1963 年出版了《日本新中产阶级》一
书，1979 年完成专著《日本第一》，2000 年又出版了
《日本是否仍是第一》。他的这种跨文化、跨民族、跨

---

1 〔美〕傅高义：《日本第一》，谷英、张柯、丹柳译，上海译文出
版社 2016 年版，"新版序言"，第 2 页。

国家的研究使他能够以全球化、多元化、包容性的眼光和人类学家的切身感受审视当代全球文化和全球发展问题，看到了全球化时代各个国家、民族、地区对自己文化开展自省的意义，他也看到了邓小平在改革开放初期的文化自省意识对于后来中国改革开放和发展产生的不可估量的影响。在全球化时代，面对纷繁复杂的形势，中国古语说得好：知己知彼，百战不殆。1947 年 7 月，费孝通在清华园写道："各地人民的生活方式，亦即是他们的文化，与其说是上帝安排下的模式，不如说是这民族在创造，试验，学习，修正的过程中累积下来应付他们地理和人文处境的办法。从这种立场上去看文化，每一项目都有它的来历和作用；因此可以从他们的历史，地理和人文处境中加以说明的。这是说各种社会制度的形式都可以理解的。人类学的任务就在理解各式各种的文化形态。美国也好，中国也好，都可以成为我们理解的对象。"[1] 费孝通在这里讲的"社会制度"实际上也可以理解为文化、生产和生活方式等社会制度要素通过文化价值搭配起来的体系，成为隐藏在其背后的价值观念。

文化自省和发现习惯需要从身边的事情开始。习惯的深层次是民族、群体的文化与性格。对于文化的层次，许多人类学家都试图探讨，例如，原清华大

---

[1] 费孝通：《美国人的性格》，《费孝通全集》第五卷，内蒙古人民出版社 2009 年版，第 230 页。

学研究院教授、俄罗斯著名人类学家史禄国（Sergei Mikhailovich Shirokogorov）就曾认为偏重体质的心理学"范围太狭，包括不了思想，意识，于是联上 mind 这个字，创造出 Psycho-mental 一词，用来指群体所表现的生理、心理、意识和精神境界的现象，又认为这个现象是一种复杂而融洽的整体，所以加上他喜欢用的 complex 一字，构成了人类学研究最上层的对象"。[1] 按照社会人类学家费孝通的解释，史禄国的这种用法，是因为这位俄国人类学家对通古斯人社会文化中特别发达的"shamanism（萨满信仰）"[2] 的研究。费孝通晚年提出人的心态这一层次的文化，也是有自己对于文化层次发展的考虑的，他把这个层次的文化称之为人与人关系的最深层次的内容，即心与心之间的关系。人类学家庄孔韶对此也有自己的考虑，他说："中国文化作为一个宇宙观、思想、知识、制度和行为系统总是有可以追寻的线索，高层文化与基层文化的历史性传递与关联过程，提供人类学田野工作反向观察，以及寻找文化解释的基础。"[3] 这里所说的文化层次是从行政和社会分层的角度展开的，我们会在后边换一个角

---

[1] 费孝通：《人不知而不愠》，《旧话相应：费孝通人物随笔》，群言出版社 2016 年版，第 143 页。

[2] 同上书，第 144 页。

[3] 庄孔韶：《银翅：中国的地方社会与文化变迁》，生活·读书·新知三联书店 2022 年版，第 412 页。

度分析文化的不同层次。庄孔韶教授的探索，至少告诉我们，文化分析是可以分解和分层的，至于如何分解和分层要根据不同理论框架和理论预设，如"对儒家经典（如朱子著作）的思想阐释是中国高层学术圈研究的领域，但从民间礼俗、家庭生活、蒙塾教本、民居与田制、谚语和传说的田野调查中反向发现朱子思想、礼制的关系，却未能得到应有的重视"。[1]庄孔韶的这些探讨是基于一个人类学家在乡村变迁中的实地观察的感受和阅读历史经典的觉悟的集合，现实中还可以从文化的精神层面、公共文化、文化产业等多个角度分析。对于这个问题，这本书将在后边尝试着做进一步的分析。

这本书试图通过读书札记的形式认识、理解、解读印度民族的文明、文化和性格特征，对于个案的解剖可以进一步发现人类社会发展的规律性东西，进而为未来做一些比较研究准备，以进一步认识我们中国人的文化和性格，推动文化自省，实现文化自信自强，通过比较形成文化上的深度自觉。中国人民有着自己坚定的文化自信，面对百年未有之大变局，进行一点文化反思和形成文化上的自觉十分有必要。记得费孝通教授在世时曾反复强调"文化自觉"，就是要求知道"我们是谁？""我们从哪里来？""我们要到哪里去？"这样既是哲学问题，又是文化问题的问题。在

1　庄孔韶：《银翅：中国的地方社会与文化变迁》，生活·读书·新知三联书店 2022 年版，第 413 页。

文化意义上，"我们是谁？"是要回答滋养我们这民族数千年生生不息的文化是什么；"我们从哪里来？"是要回答我们为什么必须坚守民族生生不息的文化传统和坚守我们民族人性底线；"我们要到哪里去？"是指面对当代这样一个错综复杂的国际国内局势，应当做出怎样的选择，在现代化进程中不断探索人类文明新形态。

人类在 21 世纪时常面对自然灾害，也饱受战争痛苦。各国遭受了共同的苦难，也有各自不同于其他民族的艰难历程，如果不反思各自的文化、自己文化中的习惯和自己文化中的人的特性，就不能保证以后不发生类似的事情。缺乏反思是无论如何说不过去的。一个国家对于人类的贡献不仅在于它如何推动了世界经济的增长，更在于它在改善人类福祉方面的贡献，它如何在哲学、信仰、法律、道德领域提出举足轻重的思想、观点、方法，这是衡量现代国家和国家现代化的重要指标。弗里德里希·恩格斯在其《英国工人阶级状况》一书中指出，"霍乱、伤寒、天花以及其他流行病的一再发生，使英国资产者懂得了，如果他想使自己以及自己的家人不致成为这些流行病的牺牲者，就必须立即着手改善自己城市的卫生状况"。[1] 也正是通过这部马克思主义经典著作中典型的实地研究报告，

---

1 《马克思恩格斯选集》第一卷，人民出版社 2012 年版，第 67—68 页。

恩格斯提出了著名的论断，"伟大的阶级，正如伟大的民族一样，无论从哪方面学习都不如从自己所犯的错误的后果中学习来得快"。[1] 中华民族五千年历史，之所以生生不息、威武不屈，就在于始终能够不断地从自己的历史教训和经验中学习，尽管历经磨难，始终在学习中发展，在学习中进步，屹立于世界东方。

跨文化的比较研究会更有价值，因为各个国家的制度安排、应急体系、运作系统都是由生活在具体文化中的人来完成的，这里的"人"不是抽象的人，而是在各自文化中生长起来的人。他们的性格特征、风俗习惯直接影响到制度和政策的实施效果，这些性格特征等构成了国家的制度安排、应急体系、运作系统的制度环境、价值基础。在全球化时代，没有理由不考虑各个个体背后的文化。忽视个体背后的文化就很难理解各种制度背后的运行机制。

五年来，在围绕着这个题目的阅读过程中，我查阅了大量的资料，纸质的和电子的，总的感觉，我们对印度这样一个民族的研究是不够的。尽管印度在经济总量、发展水平、生活水平、基础设施以及综合国力等方面都赶不上中国，但是，这个国家是这些年来在全球中发展较快，被一些国家、国际组织比较看好的巨大经济体之一，它的未来发展如何，既取决于国

---

1 《马克思恩格斯选集》第一卷，人民出版社2012年版，第79页。

际环境，取决于它自身的改革、发展，还取决于它固有的文化传统。比较起来，印度文化更是具有它自己的特色，我们知道比较多的是它的种姓制度、宗教信仰等，其实综合起来看，它还有更多我们未知的东西。按照萨缪尔·P.亨廷顿的理解，印度文明是世界主要文明之一。亨廷顿将"世界分成八九个主要的文明"。[1] 印度这个国家在融入全球经济体系后，尤其是在全球格局出现一系列变故后，已经发生深刻的变化，了解这样一个国家，对于我们在新时代设计和制定自己的战略、政策是十分必要和具有重要的战略意义的。

读书、思考是本研究的主要研究方法。当然，研究人的特性、民族的国民性、习惯不能仅仅局限于文献，内省也是一种比较好的方法。若是条件允许的话，开展实地研究自然是最好的方法。经常通过内省的方式来理解习惯在生活中的作用，反观自己、反观别人、反观世界上的不同民族和国家，确实感觉习惯的重要性。习惯形成了，要改变也不容易，不仅是因为个人不好适应，它还会涉及个体、群体乃至整个社会的一整套制度安排，如此这般，对于文化和民族性格的反思和对自身文化的自觉就显得更为重要了。

---

1 〔美〕塞缪尔·亨廷顿、〔美〕劳伦斯·哈里森主编：《文化的重要作用：价值观如何影响人类进步》，程克雄译，新华出版社2010年版，第126页。

在写作这本书的过程中，我每天都浏览网上的大量微信、新闻、朋友分享文章，各种信息铺天盖地、蜂拥至来、鱼目混珠、真假难辨，这也是我们这个时代研究工作以及互联网治理必须处理好的一个重要问题。同时，互联网代表了 20 世纪末 21 世纪初人类最伟大的成就，它大大改变了人类历史的进程。市场经济的推动和以互联网为基础的大众媒体的普及，几乎主宰了 21 世纪初的市场和公共服务供给。关于这个问题，我在研究和阅读印度的相关问题和相关文献时也感觉到了，全球化在很大程度上会促使不同民族和国家的文化在某些方面走向趋同，像印度这样一个历史悠久和"多元性统一"的国家也不例外。

前事不忘后事之师。我们生活中经历的种种事情，折射出了许多我们在常规时期所不曾看到的东西，有些事情的发展难以预料到，同时也引导我们去思考一些深层次的东西。在这个问题上的悲观论点和盲目乐观的论点都是不可取的。全面、认真、科学地评价现状，从文化、人的特性、民族的国民性、习惯进行深度反思，对于我国未来经济社会的持续发展是一项长期而重要的任务。

在南亚次大陆长成的文明形态

这里，需要先大致区分两个日常生活中经常使用的概念，"文明"与"文化"。文明和文化都是人类生活的体现，文明是人类在其生活、政治、经济、社会、生态等活动中产生的制度（如政治制度、经济制度、生态环境制度）、技能（如科学、技术、市场、生产方式等）、物质实体（如器皿、建筑艺术等）。从文化人类学理解，文化是人们的生活方式，如习俗、节庆、文化艺术活动等。事实上，文明和文化是一个问题的两个方面。近年来，学界围绕着"文明"和"文化"界定进行了大量讨论，完全界定清楚并不是件很容易的事情。

一、根植在特定人文区位上的特色文明

说印度是一个大国，既是因为它是现有人口规模上仅次于中国的世界第二人口大国，还是因为它有着

快速发展经济的潜力。根据世界银行的数据，2021 年，印度人口已经达到 14.1 亿人，预期寿命为 70 岁（2020年数据），人口年增长率 0.8%；预计 2060 年后，印度人口达到 17 亿的峰值；2021 年，印度的 GDP 总量为3.18 万亿美元，人均 GDP2，256.6 美元，GDP 年增长率为 8.7%。[1]

2020 年之后，一系列重大事件发生，世界政治经济和社会格局发生剧烈变化。事实上，最近三年间已经发生了和正在发展着深刻的变化，文化领域也出现了与以前不同的情况，印度的竞争力有可能快速提升，成为世界市场中更具竞争力的角逐者。掌握像印度这样一个大国的具有时间和空间特征的"地方性知识"，必须基于印度特有的历史、特定的自然环境和特定社会结构，而不能简单地以自己的心理、自己的文化去诠释这样一个多元统一大国的文化和国民性。

至少到目前为止，人类还不可能在不同各个民族之间找到一套能够简单地理解和解释地球上所有文化和文明的话语体系，但是，人们可以通过比较看到不同国家和地区的一些基本的东西。进行一定的比较研究，会发现不同文明之间的个性与共性。比较始于了解，基于交流和沟通，完成于对话。共性研究固然重要，了解各个民族的个性更是不可或缺。

1　The World Bank, https://data.worldbank.org/country/india?view=chart.

分析各个民族文化生成的区位是把握各个文化和不同人类行为的基本方式之一。人文区位分析是从特定人文地理看人类行为和人们解释特定文化行为的一种方法。在这本书中，我们试图来对印度的人文区位进行分析，发现其文化和人性形成的自然、历史和人文环境。根据《大英百科全书》，德国地理学家和民族志学家弗里德里希·拉策尔对地理学和民族学在现代的发展中都曾产生重要影响。一是他提出了Lebensraum，即"生活空间"概念，把人类族群与他们发展的地理空间联系起来；二是思考人口分布、人口和移民与环境之间的关系，以及生存环境对个体和社会的影响。[1]

仅仅从地理环境解释文化自然会暴露出其视角上的局限性。地理环境在文明的最初启动过程无疑作用突出，一旦地理环境和在其中生成的人文生态结合起来，情况就不一样了。我们已经看到了当代科技发展对人类社会发展带来的深刻影响。自然环境最不易变化，文化也是影响人类发展的长时段力量，前者是外部的，后者是内心的。文化的力量能够长久不衰。历朝历代，芸芸众生都不过是匆匆过客。但青山依旧在，文化也通过一代又一代薪火相传、代代延续，作为一

1　美国不列颠百科全书公司编著：《不列颠百科全书（国际中文版）》（修订版）第14卷，中国大百科出版社《不列颠百科全书》国际中文版编辑部编译，中国大百科出版社2018年版，第164页。

种长时段力量默默发挥着人们不易觉察和具有支配能力的作用。

出生于德国的著名人类学家兼语言学家、普通人类学的创始人、美国描写语言学的先驱弗朗茨·博厄斯受到了拉策尔的启示，把人类学与历史看成一株"文化之树"，这个文化之树有着复杂的枝叶，它们互相联结并产生新的分支：第一分枝代表一个独特的而不同的文化整体，要了解这个文化整体必须从其本身所特有的文化区位入手，探索各地的文化与制度。人类历史上有几大古代文明，包括中国古代文明、古印度文明、古希腊文明等，都类似博厄斯所说的"第一分枝"。1886 年，博厄斯移居美国，担任过美国自然历史博物馆馆长、哥伦比亚大学教授等职，他培养了一代又一代的文化人类学家，是当之无愧的美国人类学创始人。

在 18 世纪的法国，地质学家们就开展划分自然区方面的探索。他们发现，文化的突出基本单位之间的互补性，提出了把这些基本单位之间的互补性结合为较大单位的设想，从而提出了区域性的组织理解和解释。后来，一些历史学家从心理方面探索法国各个地区文化的个性，以及它们怎样合而为一的，如何形成了作为一个整体的法国所具有的文化特色。他们使用的方法是一种历史的方法，即追溯以往的历史。后来，有关这个问题的专家们研究发现：法国许多地区的稳定令人注目，法国国内的多数区域，可以一直追溯到高卢–罗马时代。到 19 世纪末 20 世纪初，有学者又将以上观点推进一步，他们从地域的分区、人口的密度、人口的流动来看不同环境条件下的各文化不同之处，以及不同的文化如何在空间的组织上反映出来。

产生于特定人文区位的文化也可以被称之为文化模式。模式研究是人类学常用的方法，与之相伴的是比较。美国社会学家、马萨诸塞大学阿姆赫斯特分校社会学教授米尔顿·M.戈登对印度是这样描写的，"在遥远的印度，据学者们推测，从来自西北方向的征服者的文明中发展出了印度教，这个宗教要求非常严格的种姓、亚种姓的等级制和血缘承袭制，这种制度体系非常细致地规定了每个人的社会地位、生活空间、职业身份和认同意识。我是一个婆罗门，因此我是一个神圣经学的守护者和解释者，所有那些非婆罗门种姓的人对于我而言都是劣等的人，他们必须对我表示尊崇"。[1] 美国人类学家亚历山大·戈登威泽开创性地运用历史学和社会学方法对美国族群同化问题进行深入考察，建立了自己的变量体系。印度文化核心问题是宗教和种姓，我们且可以将其称为印度文化模式。对于印度教的形成，拉宾德拉纳特·泰戈尔在其《印度的历史潮流》一文中是如此说的，"雅利安人的纯哲

---

[1] 〔美〕米尔顿·M.戈登：《美国生活中的同化：种族、宗教和族源的角色》，马戎译，译林出版社 2015 年版，第 18—19 页。

学与达罗毗荼人的艺术趣味和形象思维能力相结合，凝成一种特质。它不完全是雅利安人的，也不完全是非雅利安人的，它就是印度教"。[1]泰戈尔在这里重复了人们无数次思考和阐述、历史也经历无数次如此这般的文化发展的普遍规律：人类文化是在交流交往中融合发展的。

二、在比较中透视文明类型

对于文化的深度研究会用到文化类型及其比较研究等方法。类型和比较是文化研究的重要方法之一。在人类学史上，类型研究始终不及比较研究发展得快。尽管人类学家们经常在进行比较研究，但对于比较的类型的界限始终没有建立过严格的规则并将其实施过。

弗雷泽在他的《金枝》一书中首次使用了类型方法。弗雷泽所谓类型是指各种不同地区的制度，实际上就是当地人们的习俗和社会规范，也就是文化。他在人类早期历史的不同部落中寻找案例，即人类学家通常所说的类型。弗雷泽认为文化特质的广泛分布可能起因于人类中的那些心理较少发展的民族，这些文化的起源基本上都有相同之处，或者说，它们具有单

---

1 〔印〕泰戈尔：《泰戈尔笔下的印度》，白开元译，中央编译出版社 2015 年版，第 10 页。

独的历史起源，从这一国家扩散到另一国家，从这一民族扩散到另一民族。例如，他的《旧约的民俗》中提到该隐（即亚当和夏娃的长子）杀害他的弟弟的故事，弗雷泽认为有关这一故事的情况在许多其他民族中也可以发现。1888年和1896年，博厄斯曾指出，人类学要承担两项任务，一个任务是"构拟"具体地区或民族的历史，他认为这是人类学的"首要的任务"。第二个任务他认为是"不同民族社会的比较证明"。

博厄斯是人类学家，又是民族学家，他所比较的类型往往是以民族为单位。阿尔弗雷德·拉德克利夫-布朗是比较社会学和人类学的代表，在他的比较研究中，选择的类型是不同的部落及其分支。他在研究外婚制母系半偶族的制度特点时曾主张从新南威尔区内的某些部落的具体特点入手。在这些部落中，他选择了两个分支——以楔尾雕和乌鸦来命名的两个部落进行比较。后来，他在美洲西北部的海达人中也发现有类似的文化体系，他们也被分成两个外婚制母系半偶族。人类学的比较方法在布朗那里得到了长足的发展。他的比较重点是一种制度在两个或两个以上的部落里的功能，其类型是世界各地的部落，尤其是未开化的部落民族。

印度就其内部而言，可分为若干宗教、民族，对它们之间的比较是从深层次理解这个国家文化中的人性和习俗的基本手段之一，只是由于资料和文献的限制，我们在这本读书札记中无法开展这样的比较研究。

比较研究是中国人类学家研究中国社会的基本方法之一。被马林诺夫斯基称之为"社会学中国学派"的吴文藻、费孝通、林耀华、廖太初等人在 20 世纪 30 年代开启中国社会研究的过程中使用了类型比较的研究方法来研究中国内地农村的土地、教育、乡村工业以及边疆地区民族等问题。他们通过把有血有肉的切片素描、深入的社区研究加上对不同类型的社区的比较来解释宏大主题，比如费孝通就试图通过对长江流域的一个叫开弦弓的村落（今江苏省苏州市吴江区的一个村落）的解析来发现中国农村问题的症结和探索中国农村的出路。1979 年，费孝通领衔恢复中国社会学，他本人一开始在乡村发展和乡镇企业的兴起中也是使用了模式研究和模式比较方法。这可能是他早期文化人类学方法的延伸。费孝通是把人类学从研究"蛮野"民族引向对现代民族和现代化研究的先行者之一。

这本书写作过程中，所用的方法基本上是基于以上的理论框架和研究方法来思考印度文化中的性格和习惯这一问题的。

下文，笔者将通过人文区位的视角来看印度。历史上，印度文化历经多次大规模迁徙、交流、变迁和融合，外部文化不断侵入，印度自己的文化不断溢出，由此可以理解佛教如何和为什么会由印度传入中国，并在中国自己的社会环境中形成了自身的特点。也有印度学者认为，佛教从印度传入中国和其他亚洲国家，帮助形成了东亚的文化的基本构架，具有自己特色的文化。这可能是为什么当代英国剑桥大学史学家彼得·沃森在其著名的《20世纪思想史：从弗洛伊德到互联网》中就把亚洲文化单独列出来并将亚洲文化称为起源于"亚洲"的文明的原因之一。[1] 亚洲各国文化在交流中不断相互影响，相互融合。

独特的地理环境决定了印度有着与众不同的历史文化特征，这包括它的起源、发展、传播和扩散过程的全部。印度文化与世界各国的文化的差异是非常明显的，但在发展模式上却大致相同，它最初的特质形成于与环境互动的过程。就南亚次大陆和印度的历史而言，它独特的地理环境造就了其特有的文化特质，形成特定的文化区域，规定了它特有的文化类型。与俄罗斯、中国、美国、加拿大这些大国比较，印度的国土面积并不大，它却是个人口大国。

有意思的是，与宗教和民族呈现多元性特征一样，印度拥有地球上的三种主要气候：极地气候、温带气候、热带气候。喜马拉雅山脉的高寒多雪气候对印度北部地区的人文生态产生了重要影响；印度一部分地区气候炎热，属于热带气候；还有一部分地区则属于温带气候，整个国家气候呈现多样性的特征。气候多

---

1 〔英〕彼得·沃森：《20世纪思想史：从弗洛伊德到互联网》，张凤、杨阳译，译林出版社2019年版。

样性与人文多样性密不可分，气候多样性造就了人文多样性。在这种多样性气候条件下，形成了不同的土壤环境，造成了不同的传统季节，诸如，不同雨量的夏天，不同的秋天、冬天、春天，等等。变化多样的土壤、气候造就了印度植物资源和生物资源的多样性，进而造成了这个地区特有的生产方式和生活方式。这种地域环境同样对历史上的印度政治结构多样性产生了深刻影响。

印度的热带季风气候和适宜农业生产的冲积平原、热带黑土壤等，为农业发展带来了得天独厚的条件和机会。印度的自然环境为其宗教和信仰的形成奠定基础。根据的联合国有关数据，印度有耕地面积1.7亿公顷，高于中国。这个地区气候炎热、植被茂盛、动物繁多，蛇是经常出现的动物之一，所以印度人自古以来就崇拜蛇，甚至把蛇作为致富发财的崇拜物。为了身体健康或治疗疾病，也要拜蛇。印度人不仅拜蛇，也崇拜牛，甚至把牛作为最神圣的动物。在印度，牛是繁殖的象征，也是维持生计的基础生产资料。

人们经常说，印度是一个由无数的小国组成的大国，也许可以从地理、气候的多样性中得到更多的解释。地理结构在一定程度上也决定了国家治理体制。当然，国家治理体制还取决于各个国家人民自己的选择，选择了适合国家地理环境的治理体制，则国家治理能力必将得到更好地提升和发挥，否则，会使国家处于分裂与统一、稳定与动荡的长期摇摆之中。这里可能会衍生出三个问题：一是国家统一；二是民族和谐；三是国家统一和民族和谐与民族国家的内在机制。与国家统一相关的是中央政府如何设计与地方政府之间的关系，是单一制、联邦制还是邦联制；民族和谐是如何处理不同民族文化之间的关系；在上述基础上，如何处理国家体制与民族文化之间的关系。在这里，只做一些理论上的简单思考，事实上，这个问题可能比理论思考更加复杂。

在交通工具不发达的时代，人类各个族群固守自己的土地。生于斯，死于斯。在自己的自然环境中生长出符合自己需要的生产方式和生活方式，在自然区位上形成人文区位，形成文化生态。随着交通工具的进步，不同的族群之间开展交流，不同文化先是发生碰撞，后是相互交流、融合。至今，不同文化之间的冲突依然存在，不同文化的融合仍然在继续，这就是人类历史，究其深层次原因，有文化层面上的，也有利益层面上的。文化层面上的原因自然不用说了，从20世纪后期的海湾战争背后可以看到宗教信仰的较量，也可以看到石油、美元的影子。

三、尝试对多面性文化分层

这本书从文化引申出人的特性与习惯。我们将文化定义为人们的生活方式，并从三个方面来审视印度文化，它们分别是深层文化、中层文化和表层文化。这里，我们用文化人类学对文化的界定，把它视为一种生活方式，是人类各个族群在长期的历史环境和特定的地理环境中形成的生产方式、生活方式。它处理族群与自然、族群与族群，以及族群内部人与人之间的关系，其核心是世界观、人生观、价值观和审美观，以及在此基础上生成的各种生产方式、生活方式。

深层文化，主要是指人们的四观：世界观、人生观、价值观和审美观。这个层次上的文化实质上是人们对天地、对自己和对别人，以及对生命和生活的基本看法，是内在的心理和心态，它才是决定文明的核心要素。以是否食用野生动物为例，它深层反映了人们对自然、对自己内心、自己的良心等一系列深层次价值的感悟，是敬畏自然还是在自然面前无所畏惧，甚或是违背自然规律。塔尔科特·帕森斯的看法是，"'价值观'可视作一常规象征体系之中的一因子，它能充作一准绳，人们依据它而在一定情况下可供选择的各种行动方针中，作出自己的抉择"。[1] 一个人顺应历史和社会大势选择了正确的价值观就会使其在社会中得以生存和发展，如鱼得水；同样，一个国家顺应

1 〔美〕塞缪尔·亨廷顿、〔美〕劳伦斯·哈里森主编：《文化的重要作用：价值观如何影响人类进步》，程克雄译，新华出版社2010年版，第88页。

历史和世界潮流做出的价值观体系的政策决策，决定其持续稳定的发展的国际环境，顺势而为。个体的深层文化表现出个人的品味和是否具有魅力；民族的深层文化表现在民族的软实力和是否具有吸引力。

中层文化，又称之为制度和规范，包括风俗礼仪、节日庆典、法律法规、社会规范、宗教信仰、文学艺术等，这些需要通过一定形式的物质形态、非物质形态表现出来，例如，泰姬陵是印度艺术、爱情的表现形式，在深层次上折射了一段历史和故事。再例如，宗教信仰通过一定的仪式、典礼、行为等表现出来。印度社会的待人处事、种姓制度方式也可以划入此类。仪式、典礼如何更好地蕴涵深层文化，把世界观、人生观、价值观和审美观，以及社会规范等融入其中，需要我们在很多方面挖掘值得借鉴的其他国家的经验。首要的是，对中层文化这个领域不要植入过度产业化的内容，不使其失去其神圣价值。社会文化领域中的神圣感通过一定的仪式、风俗、节庆等表现出来，是人们培育价值、养成信念、约束行为、团结一致、培根铸魂的基础。

表层文化，主要是表现在衣食住行用等领域中的风俗习惯，例如，饮食的服饰色彩、着装风格、饮食材料选择、香料使用、烹调风格、居住方式、建筑风格等生活方式，这是大众化的文化，不同民族的衣食住行、行为方式，一目了然。表层文化是文化中最容易被产业化的部分，因为它直接可以与大众消费联系起来，具有可以操作化的实用性。总体感觉，这些年来，人们对于表层文化，包括文化产业和公共文化关注比较多，这个领域的发展也比较快，但对于深层文化和中层文化的关注相对少一些，或者说，在发展文化产业和公共文化的过程中没有把"四观"和社会规范等更好、更切实、更形象、更具体地融入这些表层文化形式中，没有通过具有形式意义的过程把核心内涵融化到人们心里。通过商业过程培育的文化是"生产"出来的，很多时候会一阵风似地飘过去。由互联网衍生出来的各种载体，诸如微信、微博等承载的各种信息在某些时候已经泛滥成灾，如果没有深层文化和中层文化的相对稳定性，这种表层文化会带来次生问题。文化需要娱乐化，也需要教化，否则就不能称之为文化。优秀的表层文化应当是寓教于乐。

至于人的特性，则是一个比较难把握的概念，人们可以从不同角度去理解它。马克思在 1843 年的《〈黑格尔法哲学批判〉导言》中指出："人不是抽象的蛰居于世界之外的存在物。人就是人的世界，就是国家，社会。"[1] 在这里，马克思从人与人之间的关系来界定人的特性，这是马克思主义经典作家的一贯做法，马克思、恩格斯一生中在不同场合中有此类论述诸多，

---

1 《〈黑格尔法哲学批判〉导言》，《马克思恩格斯文集》第一卷，人民出版社 2009 年版，第 3 页。

反映了他们一贯的立场和认识。在《1844年经济学哲学手稿》中，马克思进一步对人的类本质作出了分析，他说道："人在何种程度上对自己来说成为并把自身理解为类存在物、人。男人对妇女的关系是人对人最自然的关系。因此，这种关系表明人的自然的行为在何种程度上是合乎人性的，或者，人的本质在何种程度上对人来说成为自然的本质，他的人的本性在何种程度上对他来说成为自然。这种关系还表明，人的需要在何种程度上成为合乎人性的需要，就是说，别人作为人在何种程度上对他来说成为需要，他作为最具有个体性的存在在何种程度上同时又是社会存在物。"[1]"我们现在假定人就是人，而人对世界的关系是一种人的关系，那么你就只能用爱来交换爱，只能用信任来交换信任，等等。如果你想得到艺术的享受，你就必须是一个有艺术修养的人。如果你想感化别人，那你就必须是一个实际上能够鼓舞和推动别人前进的人。你对人和自然界的一切关系，都必须是你的现实的个人生活的、与你的意志的对象相符合的特定表现。"[2]1859年，马克思在《〈政治经济学批判〉序言》进一步明确道："人们在自己生活的社会生产中发生一定的、必然的、不以他们的意志为转移的关系，即同他们的物

1 《1844年经济学哲学手稿》，《马克思恩格斯文集》第一卷，人民出版社2009年版，第185页。

2 同上书，第247页。

质生产力的一定发展阶段相适合的生产关系。这些生产关系的总和构成社会的经济结构，即有法律的和政治的上层建筑竖立其上并有一定的社会意识形式与之相适应的现实基础。物质生活的生产方式制约着整个社会生活、政治生活和精神生活的过程。不是人们的意识决定人们的存在，相反，是人们的社会存在决定人们的意识。"[1] 根据马克思主义经典作家的阐述，我们把"人性"定义为人们在社会生活中处理基本生活，诸如衣食住行中体现出来的集体行为选择。孔子说过，"食色，性也"，是指人的基本需求，以及满足这些需求过程中的方式和方法。各个民族在其历史发展过程中，满足"食色"的方式千差万别，例如马林诺夫斯基对"蛮野人"的"性生活"研究中发现，在超卜连岛，"女子是跟着男子住的，所以所生的儿女在所住的地域中是没有地位的，男子的财产和地位都须传给外甥。这种两性的社会关系，影响于一切社会生活，尤以性的生活为甚"。[2] 这种看似简单的性生活，其实它的背后有一套社会规范，是一套类生活，包括社会的价值观和人生观，甚至包括审美观。人类学研究就是要通过人类行为背后的价值观和人生观来透视不同族群的人类特性。很多情况下，人们把各个民族的民族

1 《〈政治经济学批判〉序言》，《马克思恩格斯文集》第二卷，人民出版社 2009 年版，第 591 页

2 《费孝通文集》第一卷，群言出版社 1999 年版，第 87 页。

性理解为人性。在本书中，我们会通过不同的习俗和习惯来透视印度人的特性、民族性与习惯。印度文化中的人性还可以包括印度人的心智、个性以及对自我的认知与评价。人性是不断变化的，在不同历史时期会有不同的表现。印度的人性可以追溯到古代的印度宗教，"印度的文化传统称其为宗教仪式或习惯传统"。它具体体现的就是印度人的特性与习惯。

不同的族群在其历史上因生活环境等因素制约，对于族群中成员的行为是有不同的爱憎形式的，而这些只能通过特定的历史环境去理解和把握。我们在这里举一个例子。社会人类学家费孝通在其《花篮瑶社会组织》一书中有过这样一个描写：

> 人口的限制并非自然的而系人工的。一对夫妇已有了两个活着的孩子之后，仍继续他们的性生活，也不用避孕的方法，所以为妻的仍有继续受孕的机会。于是他们的人口限制就不能不求之堕胎和杀婴了。花蓝瑶妇女十之八九都知道堕胎的方法，当发现初次月经停闭时，立刻吃药，所以对于妇女的健康并没有直接影响。不懂堕胎方法的妇女，他们称作"笨老婆"。这种笨老婆要受怀孕和生产的痛苦，等孩子落地后才用绳子绞死，或用凳脚砸死，或不喂奶饿死。我们知道有一个

妇人曾杀死七八个婴孩。但是有时花蓝瑶一家亦可有两个以上的孩子：譬如前两生的都是男，第三个若是女，这个孩子就可以留养。同样的，前两生的都是女，第三生若是男，这孩子亦可免于一死。若是前妻生了两个孩子，续弦可以生一个。但实际上因婴孩死亡率较高，这种有两个以上孩子的家庭是很少的。即使一家有了三个孩子，长大了亦只能留一个在家里。若是有一个孩子是男的，这男孩就留在家里娶媳妇，女的都出嫁。若都是男孩普遍都是把长子留在家里，其余的嫁出去做女婿。但是小的孩子若特别聪明能干亦可嫁大留小。若都是女孩，任意留一个在家招女婿，其余的嫁出去。因之一家即使有三个孩子，对于家庭的人数亦只能暂时增加，并不能借此绵延扩大。这种限制人口习俗的起源已不可考，我们只得到一个传说，就是在100多年前有一家生了五个孩子，父亲死后，遗嘱把所有田地都传给长子，其余四个儿子一点都分不到手，因之怀恨在心，一天四个兄弟约好了把长兄谋杀了均分田地。长兄这时有一个儿子已经长大，立意要为父亲报仇，有一次设计成功，把他四个叔父都杀死了。这事闹大了。"石牌"开会议决从此规定每家每代只准留一对夫妇。这传说并不一定是历史事实，但是这习俗的起源并不很早，似属可信，因为花蓝瑶至今尚有宗族组织存在。宗族是由出自同一祖先的后裔组织而成，若是这种习俗起源早，宗族组织何从产生呢？还有一点可以注意的，就是这种习俗显然是对于现有瑶山处境的一种适应。瑶山水田面积有限，开田极难，人口数目当不能任其自然增加。传说中偏重土地问题不是没有理由的。就是至今当我们询问他们为什么不多留几个孩子时，他们总是回答说"瑶山田狭，养不起多人"。这种习俗，不论它起源的迟早和发生的原因，目前已成了一种对于社会组织极有基本影响的习俗了，所以我们在叙述他们的社会组织时不能不优先提出。[1]

"溺婴"在一种文化的视野中或许是不人道、缺乏人性的，但这些习俗只能在特定族群的特定生存环境中得到理解和解释。

19世纪以来，文化人类学家对于不同的族群的人的特性进行了不同程度的探索，诸如，玛格丽特·米德、迈克尔·舒德森对于美国人性格的探索，费孝通的有关中国乡土社会的描述，阿马蒂亚·森对印度人的思考，范笔德对亚洲人精神的探索，鲁思·本尼迪克特、傅高义等对日本人的研究，迈克尔·舒德森的关

---

[1] 《花篮瑶社会组织》，《费孝通全集》第一卷，内蒙古人民出版社2009年版，第377—378页。

于美国公共生活史著述，等等，都试图勾画这些国家国民性和民族特性，我们且将这些称为民族性、国民性，它们是民族和国家的群体画像。个体和群体的人性本质上都应当是人类具有普遍的心理属性，是人类命运共同体建设的价值基础。这些也是我们分析印度人的特性、国民性和习惯的视角、理论框架。

特定的人文环境、民风民俗会养育出特定的民族性、国民性。可以把印度的人性特征归结为：善良温和、机智聪慧、乐观向上、行事谨慎、自信坚韧。只有通过考察历史发展脉络、民族性格，以及各个历史契机，才能真正把握印度文化的演变、来源以及它们对世界文明的影响。善良温和、机智聪慧、自信坚韧是印度人的基本人性特征，或者叫做印度人的性格。关于个人和民族性格，社会人类学家费孝通写道，"社会的价值标准和个人的性格其实本是一回事，从两个角度上看过去而表现出来的两个方面罢了。要真真描写一个社会所有的文化，应该从这两个方面配合了看的"。[1] 费孝通教授在这里实际上是说，个人的性格是社会价值标准和社会规范在个体行为中的体现，社会价值标准通过社会化内化为个人的性格。这里的社会化既是指个人家庭的社会影响，也是指个人成长的宏观环境和其生活的历史环境，也就是我们在前面定义

1　费孝通：《美国与美国人》，生活·读书·新知三联书店1985年版，第209页。

的印度文化。习惯主要源自人们之间的社会互动和交往活动、教育，以及所处的自然和社会环境。

四、一个性格温和的民族

总体来看，印度是一个性格温和的民族。热情率真、坚韧自信、善良厚道、智慧机敏、心境平和、随遇而安，都可以用来概括这个民族的性格，或者说是这个民族的基本性格。这种基本性格凝聚了印度的历史、文化和基本社会规范。印度自独立以来，经济社会和文化发展相对平稳，传统文化没有人为的破坏，印度民族珍视自己的文化传统。

印度人给人的印象是有着"好脾气"。有人即便是遇到"冷脸"，也不会勃然大怒，他们会不以为然。"在诸如甘地或泰戈尔一类现代政治或文学领袖开明的著作中，也可以发现那种宽容与接纳传统的延续。"[1] 早年，穆斯林入侵者用"剑与火"进入了印度，历经血腥的远征。后来在这块土地上，穆斯林逐渐收敛，其移民也逐渐定居下来，穆斯林统治者印度化，换句话说，这些穆斯林移民被印度文化逐步同化了。在印度历史上伟大的统治者阿克巴的宫殿里，不乏艺术家、音乐家、画家、学者和作家，穆斯林教徒和印度教徒

---

1 〔印〕阿马蒂亚·森：《惯于争鸣的印度人：印度人的历史、文化与身份》，刘建译，中国人民大学出版社 2018 年版，第 39 页。

也兼而有之。印度的历史表明，政治上的兼收并蓄，会引导社会走向更加包容。政治与社会之间的良性互动是政府善治和社会和谐的基础。

市场经济会催生创新精神和竞争氛围。现任印度政府商务及工业部长卡迈勒·纳特说，"而今的印度正在经历一个新的创业时代，此刻印度人个个勇于冒险，乐于创业，同时也十分珍惜有限的资源，注重废旧物品的合理回收和再次利用"。[1]这是对改革开放和市场环境下印度性格的描述。民族性格会随着经济社会发展而不断变化，不会一成不变。之前，印度的年轻人，世世代代，从事着前辈们所做的工作，或者务农，或者做工，以此谋生。但是在现代社会，在印度，勇于创新、创业的年轻人众多，他们活跃在大都市的写字楼里，利用互联网、社交媒体、都市沙龙等探索创新，开展创新，开辟新的生活天地。现在的印度年轻人，思想观念已经发生了深刻变化，只要能够赚到钱，他们就会积极地去参与、争取，创造机会发展自己，这已经成为一种现代印度社会的潮流。

"那么，印度民族呢？我觉得，很难用三个词来描述这个多样统一的民族，为尽量求全，用了六个词：

---

1 〔印〕卡迈勒·纳特：《崛起的印度》，张旭译，湖南人民出版社2012年版，"前言"，第3页。

自信、稳健；坚韧、善良；智慧、浪漫。"[1] 这种"自信、稳健；坚韧、善良；智慧、浪漫"在圣雄甘地的身上表现得尤为突出。"圣雄甘地身上表现出来的自信力，使他成为印度民族的伟大代表。典型的例子是他以苦行僧般的装束，光脊梁、赤脚、拄杖，去伦敦参加圆桌会议，丝毫没有低人一等的感觉，表现出巨大的精神能量。"[2] 这种精神能量也可以视为巨大的文化自信。

人们说印度是"大象之国"也有其道理，印度的发展稳健，没有大起大落。印度人做事情没有那种急于求成的心态，不过于实用主义，理性处事，能够较好地处理矛盾和问题。

（一）《罗摩衍那》和《摩诃婆罗多》

每个民族都有展示这个民族习惯和性格的作品。有人说，在印度历史上，曾经出现过史诗《罗摩衍那》（Rāmāyaṇa，意思为"罗摩的历险经历"）和《摩诃婆罗多》（Mahābhārata），但不曾出现过《孙子兵法》，由此某种程度上可说明印度是一个温和民族的重要证据。诚然，《罗摩衍那》和《摩诃婆罗多》既是伟大的文学作品，又是印度的百科全书，两部史诗几乎涵盖了古印度的全部历史，是古印度的真实生活的写照。《罗摩

1　薛克翘：《印度文化论辑》，中国大百科全书出版社 2016 年版，第 31 页。

2　同上。

衍那》以罗摩与妻子悉多悲欢离合的故事为主线，展示了印度古代宫廷的内部争斗和列国之间的战争，史诗中穿插了大量神话传说和感人的故事情节，并对大自然进行了细致的描述，此书在战斗场面上也用了不少笔墨，叙事宏大，震撼人心。规模宏大、内容庞杂的史诗《摩诃婆罗多》享誉世界，它的汉语全译本有五百万字。与《罗摩衍那》并列，《摩诃婆罗多》有长篇英雄史诗、作为插画的传说故事、宗教哲学、法典性质，篇幅为《罗摩衍那》的四倍，是一部百科全书式史诗。《摩诃婆罗多》展示了印度民族的"集体无意识"，又被称为"印度的灵魂"。

（二）贾瓦哈拉尔·尼赫鲁的乐观主义

贾瓦哈拉尔·尼赫鲁在谈到自己的性格时说道，自己"起初对人生问题的理解多少是科学性的，带着些19世纪和20世纪初期科学的轻易的乐观主义。我所拥有的安定舒适的生活以及精力和自信，更增加了那乐观的情绪。一种模模糊糊的人道主义很合我的心意"。[1]尼赫鲁曾一度活跃于第二次世界大战之后的世界舞台上，被称为伟大学者和博学的人。少年时代，尼赫鲁就对印度哲学产生浓厚兴趣，他的乐观主义生活态度产生于他的舒适家庭生活，也是他生活的那个

---

1 〔印〕贾瓦拉哈尔·尼赫鲁:《印度的发现》(上)，向哲濬、朱彬元、杨寿林译，世界知识出版社2018年版，第17页。

社会的整体反映。印度不是每个人都出身于显贵高官家庭，有尼赫鲁的家世。尼赫鲁的家庭有条件按照印度资产阶级的身份培养他，为他聘请家庭教师，送他到英国，进入著名的贵族学校哈罗公学学习，这不是印度一般家庭可以办到的。他能不能完全代表印度人的性格还要另说，至少可以作为一种类型来表征印度人的性格。

五、世纪年轮碾压下的民族性

性格体现了文化，文化孕育着性格。文化是一种人的性格特征、人与人之间的关系模式。习惯是活的、社会固定的行为方式，是人们不自觉地在使用前人的社会规范的行为。这也是一个社会继替过程。习惯不是静止的社会规范，而是一套日常生活的行为和行动，在不自觉行为中完成。习惯是生活中的习以为常的不自觉行为。习惯会改变性格，改变命运，决定命运。习惯一旦形成，将会有长期的持续性。久而久之，习以为常，再改变就会不习惯、不舒适，甚至出现惰性。养成习惯非常困难，改变习惯更不容易。一切事物当被人们习以为常之后，就会形成惰性，不想变革，也不愿意变革。

国家性格凝聚特定的民族性。从人种学来看，美国人和英国人有着深厚的历史渊源，至少有着相同的语言。但是"在两个世纪时间年轮的碾压下，英国和美国开始形成不同的社会结构、不同的价值制度、不同的行为方式、不同的世界观等差异性，通俗地讲，就是形成了不同的极端强烈的民族性"。[1]英国人从欧洲来到北美大陆，在那里生活下来，新的人文区位和人文生态，养成这些英国人后裔不同以往的生活方式和习惯。人们在应对不同的自然环境和历史文化过程中，形成了自己独特的生活方式和生产方式。

20世纪40年代在写《美国人的性格》一书时，社会人类学家费孝通教授指出，"各地人民的生活方式，亦即是他们的文化，与其说是上帝安排下的模式，不如说是这民族在创造、试验、学习、修正的过程中积累下来应付他们地理环境和人文处境的办法。从这种立场上去看文化，每一项都有它的来历和作用；因此可以从他们的历史、地理和人文处境中加以说明的。这是说各种社会制度的形式都可以理解的"。[2]费孝通教授是在讨论美国人类学家玛格丽特·米德的有关美国人的性格的研究时说这番话的。各个民族的生活方式，也就是他们的文化，是历史年轮碾压的结果。

行为规范只是抽象地存在于个人的观念，具体体

---

1 〔英〕约翰·高乐：《国家的品格：看懂美国的第一本书》，高青山译，民主与建设出版社2016年版，"序言"，第4页。
2 费孝通：《美国与美国人》，生活·读书·新知三联书店1985年版，第205—206页。

现在个人的行为中。个人和身份不同，个人是可以活动、有自觉、能行为的有机体，而身份是持续在各个具体人脑中的一种公式，是机体谋生的一种办法。社会身份是人与人之间的、比较坚定的社会关系，所以一个人不可能自由改变。印度的种姓制度就是一种身份制度，不是任意可以改变的。社会组织就是人们的行为。固然这些行为是由一定制度、规范来约束，但制度和规范并不是组织本身。

我们可以这样理解印度文化中的性格和习惯：需要从人们的社会价值观念和个人的性格去理解。人是社会的存在物，人要在社会中生活，就必须遵循社会组织为维持一定的社会秩序而建立的各种社会规范。印度古代的耆那教主张不杀生，这也造就了印度人的善良厚道、热情有礼，易于沟通和交往。由于人的行为是由特定的社会规范规定的，所以，对于个人的行为的解释必须从具体的文化分析入手，文化因地域和时代不同而不同。

英国人类学家约翰·高乐在其《国家的品格：看懂美国的第一本书》一书中对美国人的习惯作了自己的理解，"我曾研究过若干典型关系中习惯的和有意的行为，如子女对父母、父母对子女、夫妇、爱人、朋友、邻里、商业同行和竞争者、资方和劳方、多数对少数、美国对外国人等等，并设法一一讨论根本的、形成美国人行动的恰当的主题"。[1]高乐的理解实质上与费孝通的所谓"性格"是一致的，就是日常生活中人们处事待人的基本做法。在高乐的论述中，人性表现在各种社会关系中，只有在这些关系中得以培育。这个培育过程也培育了习惯。这与马克思主义关于人的本质是所有社会关系的总和的理论是一致的。

人们的行为方式取决于他（或她）所生活的价值规范，社会学家称之为社会制度，包括非正式的制度和正式的制度。"价值标准是文化造下来指导个人行为，使其符合于社会制度所规定下的规范，它的功能就在配合个人和社会，维持社会的制度。"[2]个人出生时本无社会规范，也不会自己带着社会规范来到这个世界。在其被抚育、教育和成长过程中，家长、亲戚、邻居等其生活其中的各种社会关系，在与其接触的过程中不断向其展示了社会规范。言传身教是教师教育的本质。这是一个人的社会化和教化的过程。中国古人讲，文化为"文之教化"，深刻表达了这一层意思。了解印度人，首先要了解他们生活的地域环境，我们也叫它为人文区位。"我们要了解一个地方的人民的生活就得先明白赋有指导作用的价值标准是怎样的，然后才可以进而从他们的

1 〔英〕约翰·高乐:《国家的品格:看懂美国的第一本书》，高青山译，民主与建设出版社2016年版，"序言"，第9页。
2 费孝通:《美国与美国人》，生活·读书·新知三联书店1985年版，第207页。

历史和地理的特殊处境中去解释这些特具的价值内容是怎样发生的。"[1] 由于规范不同、文化不同，个体在文化中的地位也不一样。不同群体中的人对于社会关系的认识是不一样的，譬如，父子关系在印度人的认识中就和中国人、西方人的认识不完全一致。

印度在其历史进化过程中不断有外部文化的植入，在这个过程中，英国殖民者的影响巨大。卡迈勒·纳特写道，"印度改用并沿用了英国留下来的许多传统，其数量并不亚于它从自身历史中所继承的。甚至连威斯敏斯特的民主制度，还有得票最多者当选的选举制度，它都将它们借为己用"。[2] 根据纳特的认识，印度历史上的文化延续性非常强，未曾发生过任何对于文化有巨大破坏作用的"文化清除运动"。例如，殖民主义者离开后，印度也不曾发生"铲除"殖民主义痕迹的活动，而是借石雕玉，去其糟粕，留其精华，改头换面，洋为印用。周虽旧邦，其命维新。这也符合印度人的性格。若是一个民族不断通过"文化清除运动"的方式否定自己，那么在这样的社会建立什么样的制度和进行什么样的探索实践都会缺乏稳定的文化基础。一个不折腾的民族方有持久的文化和定力，才能不断

1　费孝通：《美国与美国人》，生活·读书·新知三联书店1985年版，第207页。

2　〔印〕卡迈勒·纳特：《崛起的印度》，张旭译，湖南人民出版社2012年版，第4页。

稳步前进。这也是我们理解为什么印度虽然民族众多、宗教各异，但社会相对稳定的原因之一。

六、圣雄甘地的"非暴力不合作"

甘地是印度现代国家制度的奠基者，也是集历史文明与现代文明于一身的精神领袖。甘地可说是印度人性格的代表。他的"非暴力不合作"能够得到绝大多数印度人的支持就足以说明这点。他甚至还用这种"非暴力不合作"迫使强大的帝国让步。"非暴力不合作"避免了流血冲突，从历史长河来看，流血冲突会带来民族的怨恨和痛苦的记忆，并长期积淀于一个民族的心理深处，成为思维习惯，以及其他习惯。这位思想睿智、身材干瘦的长者，用和平的方式换取了印度国家的独立地位，避免了国家的分裂。甘地的处世哲学至今仍被一部分印度人奉为行为准则。甘地受过西方教育，但他的思想根源于印度的历史和文化。印度的宽容和非暴力价值观念源远流长，甚至可以追溯到历史古老的僧侣制度，即吠陀教，它教诲人们要对世界宽容和接受；世俗主义主要体现在礼拜自由和宗教实践的多元化，及其和谐并存的局面，尽管各个宗教的信仰和文化价值存在差异，但是可以和谐相处。

甘地一生饱经磨难，历尽沧桑。他出生的年代，正是英国的殖民时期。他的家庭虔诚信奉仁爱，奉行不杀生、素食、苦行的印度教教规。从年幼时期，甘地就腼腆羞怯、中规中矩。少年时代，他虽经受变革创新大潮的洗礼，也尝试冲破素食习俗，终因习惯约束，不能实现自己的愿望。印度独立后，尽管甘地获得了巨大的声誉、得到印度举国上下的敬意，但他的"非暴力"理想却被束之高阁。"甘地主义的思想核心是人道主义，这正是印度独立后凝聚印度国民所必需的有力思想纽带。甘地的人道主义原则主要表现为'非暴力'、教派和睦和解放贱民三个方面。"[1]

在人类历史上，没有经过暴力而独立的国家寥寥无几，印度便是其之一。面对英国殖民者的暴力压迫，印度人民和平抗议，以表达独立的思想与愿望，即便是被暴力镇压，也不"以暴抗暴"，以自己的行动向英国侵略者展示自己的和平愿望和对独立的渴望，以此激起英国人的内心羞耻，激发英国人的同情心，最终印度实现和平与自由。

印度人的温和善良使其比较容易沟通和交流。"不杀生"源自佛教和耆那教，也为印度教所接受。甘地主张非暴力，素食主义也盛行印度，这在其本性上凸现了印度的人与自然和谐、人与人和谐的关系。按照中国传统文化分层次的理论，人与自然的关系、人与人之间的关系和心与心之间的关系，印度人的本性确

1　薛克翘:《印度文化论辑》，中国大百科全书出版社 2016 年版，第 13 页。

有其特点。在这三个层次上，印度有其独有的文化特质。不杀生，关注精神生活，这些恐怕是印度人性格中最典型的特征。

尼赫鲁说过，"甘地对印度人思想的影响在现今时代已经是意味深长的；它将在时间和形式上持久到如何程度，那只有到将来才能证明"。[1]印度独立后，甘地的思想影响主要表现在他倡导的宗教平等、和睦相处直接影响了印度宪法的制定，他的平等主义思想影响了印度政府的种姓制度政策，在经济方面，自力更生的思想影响深远。甘地几乎影响了印度的一代作家，对文学创作也产生了重大影响。

七、偏重精神和理性的思维方式

思维习惯是人们日常生活中频繁思考问题的基本方式，它在日常生活中不断被重复使用，它包括处理情绪与思考之间的关系、如何处理发现与探索的关系，以及如何待人处事和如何做人等。人们总是先有习惯性的想法，才有行动。习惯性想法一旦习以为常，就会变成习惯思维。

在当今国与国之间的交往中，思维习惯发挥着重要的作用，很多人还没有意识到这个问题。国家之间

---

1 〔印〕贾瓦拉哈尔·尼赫鲁：《印度的发现》（下），向哲濬、朱彬元、杨寿林译，世界知识出版社 2018 年版，第 567 页。

文化上没有矛盾，只有差异；文化上的差异会造成相互理解的障碍，甚至会带来矛盾；理解上的障碍会造成对对方策略和政策的误判；误判会造成行为上的冲突，甚至是国家之间的冲突。

各个民族在交流过程中能够自觉和自省的确是件不容易的事。印度是发展中国家和正在崛起的大国，准确把握印度人的思维习惯非常重要。为了进一步了解印度人的思维习惯，必须研究印度哲学、思想史、文学以及日常生活，挖掘印度人日常思考问题的方式及其历史形成过程。

（一）神游冥想的精神世界

印度本身有许多代表了精神世界的东西，尤其是印度教和佛教代表了印度最古老的文化和信仰。素食主义和禁止把牲畜作为食物反映了印度人的精神世界和印度人对自然的态度。素食主义和禁食动物的习惯使人们感受到了精神和宗教的力量。至少宗教在其中发挥着重要的作用。印度人注重精神生活，在他们看来，精神的力量使人们感到自然轻松，轻松地工作和生活，因为轻松，则更有时间去吸纳精神的力量。

印度教倡导超脱现实，追求个体的灵魂与宇宙的灵魂的彻底融合。由于宗教传统，在处理物质和精神的关系上，印度人更偏重于精神。有人认为，印度教更接近人的本性，人性恶与人性善皆被认为是人的本性。印度教崇尚神灵，对于宗教仪式也非常重视。印度教承认人性善恶皆有，能否成"佛"的关键在于每个人的修行，只有认真修行，方能成佛，成为智者。这种精神世界，使印度人在日常生活中更注重约束自己。

在印度教中，宇宙的灵魂被称作"梵"，是超越现实的神秘力量，主导宇宙间万事万物。印度哲学学派林立、观点多样，但在世界观基本问题上的差异不大，都承认万物有灵和轮回转世。这是印度教的两大哲学基础。这也是佛教和耆那教的基石。"从这两点出发，发展出印度教哲学的基本思想，即'梵我同一'的理论。'梵'是宇宙灵魂、宇宙本体（上帝），世界万物都是梵的衍生物；个体灵魂（自我）是梵的粒子，与梵在本质上是一样的；个体灵魂必须通过修行和积累功德才能认知梵，才能与梵合一，达到圆满，达到极乐；'梵我合一'是人生的最高境界，也是印度教徒人生追求的最终目标。"[1]印度教认为现实世界只是一种幻觉，不是真实的世界，人必须超脱现实，追求人生最高的目标。印度哲学倾向于鄙视尘世生活和超越现实人生，思想中带有一种强烈的实用主义倾向：希望能够为人世间提供一种正确的人生指南和获得解脱之道。

1　薛克翘：《象步凌空：我看印度》，中国大百科全书出版社 2016 年版，第 141—142 页。

也许正是由于这种实用主义倾向，使印度教能够融入人们的日常生活，成为人们的生活方式，成为一种世俗的行为。

宗教礼仪和宗教仪式成为印度人们重要的生活方式。随遇而安是其精神特征之一。人们对于精神生活的追求似乎多于对物质生活的诉求。在这个意义上也可以说，印度是一个文化底蕴非常深厚的国家。这也许是人们一直把印度看成是一个神秘国家的原因之一。当然，印度人的随遇而安的思维方式也与其地理环境有关，印度自然资源丰富，地理环境优越，在历史发展的长河中，曾吸引了无数外来者入侵，但是这些外来入侵者一旦进入，便安于这得天独厚的环境和资源。

印度教主张"业报轮回"。这种偏重精神的世界观，使得印度人追求精神圆满，不急功近利，形成了追求真理、不言放弃的民族性特征。不追求功利可能导致缺乏竞争力和发展动力。当然，内心的"清静无为"也是一种重要的内心秩序，最终表现为一种外在的社会秩序，由此可以深入理解印度的社会结构和社会发展趋势。正像尼赫鲁写的，"印度人的思想习惯主要是清静无为。也许古老的种族会发展出那种对人生的态度；悠久的哲学传统也会产生这种态度。但是甘地这位典型的印度人却代表着"清静无为"的正相反的一面"。[1] 尼赫鲁从一个古老种族和悠久哲学传统的视角分析了印度特有的"清静无为"思维方式的历史渊源是有一定道理的。

一个民族和一个人一样，会有其童年、青年、中年和老年，少年老成的人不少，年长的多会因成熟而寻求"清静无为"。

被誉为心灵导师的印度学者克里希那穆提曾经这样说过："我们在人我关系当中是要活得快乐，不是要征服什么人。人我关系里面必有的是谦卑的温柔、不支配他人、不占有。"[2] 这里的"谦卑"与基督教里讲的"谦卑"或许有某些相似性。克里希那穆提被美国《时代周刊》称为"20世纪最伟大的五大圣者之一"，他生于印度，从少年时代就开始灵性修炼。他在13岁的时候被"通神学会"送到英国学习。"通神学会"虽然由西方人士发起，但是以印度教和佛教经典为基础。他一生在印度和世界各地传播精神智慧。他还说，"心填满以后，就会很疲惫，只懂得照方抓药。本质上，这样的心就是庸俗。由于这种心是建立在习惯、信仰、人人遵行而有利可图的成规上面，所以不论内在外在，心都觉得很安全，它不再受打扰"。[3]

---

1 〔印〕贾瓦拉哈尔·尼赫鲁:《印度的发现》（下），向哲溶、朱彬元、杨寿林译，世界知识出版社2018年版，第461—462页。
2 〔印〕克里希那穆提:《谋生之道》，廖世德译，九州出版社2010年版，第13页。
3 同上书，第177页。

（二）无所畏惧的自我意识

印度各地，粉红色的城市街景、富丽堂皇的宫殿、月光市场、泰姬陵，其背后不免显示出了印度人的自我意识。人们自由自在地建设着城市，在城市的中心建设古堡，为城市挑选了具有诗情画意的名字，毫无顾忌地睡在大路上，面对老鼠、虱子、疾病，面对死亡，无所畏惧。

1. 惯于思考普遍性原理和原则

印度历史悠久，古籍浩渺如烟海，内含深刻人生哲理和对茫茫世界的深刻思索，体现了缜密的思维方式。印度古代逻辑学也极为发达，自立于世界逻辑思维之林。印度人善于思辨，容易忽略具体的个体和缺乏特殊感知，喜欢使用抽象概念和普遍性名词。

2. "寻找替代方案"的解决问题思路

"寻找替代方案"，或者叫做"变通"（印地语：Jugaad，旁遮普语：जुगाड़），在印度广为沿用。它的本意是即兴创作、创新、修复或简单解决方案的意思，还有因地制宜、利用有限的资源、开发出替代产品的意思。换句话说，"寻找替代方案"就是创造性地应对问题和迅速解决问题的能力和思维方式。例如，洗衣机过剩了，可以把它改成和面机，过剩的问题就解决了。变通用来表述印度人管理日常生活中的大小挑战的独创行为和创造力，指人们在日常生活中快速、便利地用手边的资源快速提出解决问题的方案，减少成本，废物利用。变通越来越成为人们日常生活中的管理手段。变通是一种思维方式和思维习惯。不少外国人从中获得灵感。印度人将变通背后的驱动力归结为打破路径依赖本能，找到适合自己的方式，他们在这一点上非常自信。"世界认为印度是一种'缓慢变革'，我们则称其为'谨慎行事'，这带来了很好的契机和诸多的节约。"[1] 若是这样去理解，如果印度出现产能过剩，可能第一个解决方案不会是向国际上输出产能，而是想办法通过扩大国内需求消化过剩产能。这样的思维习惯和思维方式更有利于经济的持续稳定增长。

比如，卡迈勒·纳特写道，"印度学会了节约珍稀的资源。已经无法再翻新的卡车轮胎，先是用在牛车上，牛车上用到不能再用后，继续用做橡胶拖鞋和凉鞋的原材料"。[2] 印度的这些传统和习惯是从哪里来的呢？来源于历史。"过去的物质匮乏决定了我们今天的消费偏好：买到的物品要能同时满足多项基本需要或需求。"[3] "寻找替代方案"这种习惯源于历史上的物质

1　〔印〕卡迈勒·纳特：《崛起的印度》，张旭译，湖南人民出版社2012 年版，第 7 页。

2　同上。

3　同上。

匮乏。这里有一个值得进一步思考的问题：20 世纪 80 年代，美国的消费观念曾风靡一时，高生产、高消费、一次性消费等，这种文化对一些发展中国家曾产生不小影响，随着资源环境压力加大，人们逐步认识到这种消费模式的不可持续性，又开始转向可持续发展、可持续消费观念以及可持续的生活方式，现在人们将其称为循环节约经济，类似于印度的"寻找替代方案"。在这个意义上，印度人说自己的变通思维在世界上是领先的，也确有其道理。想想看，美国人在 20 世纪和 21 世纪初在全球独领风骚，除了其技术、经济实力和军事，还有美国的生活方式，这都是建立在"一次性"消费的生活方式至上的美国文化基础上。这种美国文化曾风靡一时，甚至影响了中国改革开放初期的人们的思维方式，一时间"高投资、高生产、高消费"成为一些人的座右铭。印度后于中国崛起，它面对的世界已经不是 20 世纪 80 年代的世界，21 世纪的世界更加成熟，可持续发展和绿色文明正成为当代世界的潮流。世界潮流，浩浩荡荡。在这个意义上理解印度人"自夸"的这种"变通"思维方式确实值得进一步探讨，或许这是印度的后发优势。面对来自人口规模、环境资源的巨大压力，人类改变和提升自己的社会福祉的需求不能变，但是实现社会福祉的手段必须变。穷则变，变则通，通则达。改革是决定人类持续发展的关键一招。要成为一个可持续、繁荣的国家，任何国家都不能摆脱变革的选择。

"寻找替代方案"虽然不能从根本上解决问题，但至少可以解决部分或者环节问题。这种解决问题或者思维方式已经渗透到印度教育的方方面面，面对问题需求解决办法，可以调动思维，让教育源于生活，学生不拘泥于标准答案，可以与老师展开辩论，使自己的学习具有自主性，以及自我学习的能力。由此也可以解释，为什么在国外大学的课堂上，印度人敢于提问，敢于回答问题，不拘泥于一定要考虑成熟了才回答和提问。当然，"寻找替代方案"也让印度人吃尽了苦头，因为缺乏标准做法，印度人往往缺乏规则意识。在美国的印度裔之所以取得成功，与他们的教育不无关系。现代教育的最终目的是培养学生解决问题的能力和健全的人格。而"寻找替代方案"式的思维方式可以提高学生解决问题的能力、思辨能力以及适应环境的能力。

3. 善于辩论的印度人

阿马蒂亚·森说道，"对我们印度人而言，长篇大论并不陌生。我们能够滔滔不绝地讲很长时间。半个世纪以前，克里希纳·梅农在联合国（当时他是印度代表团团长）创下发表最长演讲的纪录（9个小时不停顿），迄今尚无任何地方的任何人可以望其项背。另外的数座高谈阔论的高峰，是由其他的印度人攀登上去的。我们确实喜欢说话"。[1]其实这不是印度人的新习惯，而是一个有着悠久历史的文化传统。这些我们通过印度古代梵文史诗《罗摩衍那》和《摩诃婆罗多》中看到，它们都是宏大的史诗。在学术或政治领域持续不断的是印度人的文化习惯，也是他们公共生活的重要内容。当然，在这些日常的公共生活的辩论中，男性在辩论中占据主导地位，对于这种性别差异，印度社会已经习以为常。

---

1 〔印〕阿马蒂亚·森:《惯于争鸣的印度人：印度人的历史、文化与身份》，刘建译，中国人民大学出版社2018年版，第3页。

在空间和时间中流动着的文化

可以把印度文化的基本特征归纳为充满神秘色彩的多元性和宗教性文化，它渊源于特定的、多元复杂的人文生态、悠久多变的历史传统、不同特点的族群交往。当前，印度这种文化性格随着其经济的快速发展，正在发生着深刻变化，行进在现代化的进程中。印度的文化、宗教、语言的最典型特征是多元性，不是可以简单定义的，印度的经济也可以这样去理解。

一、多元复杂的文化生态

（一）独立的地理单元

梁漱溟先生在其《印度哲学概论》中写道，"印度土沃气暖，谷米易熟。其民不必劳于治生，辄乃游心于远，故夙富于哲学思想"。[1] 这是梁漱溟先生从印度的地

1　梁漱溟：《印度哲学概论（外二种）》，中华书局2018年版，第15页。

理环境和人文生态角度解释印度哲学与宗教的一种说法。梁漱溟先生说道，印度的这种传统资源古已有之，并且得到国家的支持，文化和宗教从来就不会离开政治独立演化，"《吠陀》时代之人君，时集国中智人论议正理，胜者受上赏"。[1] 梁漱溟先生说，"印度无一个一个之哲学者，而但有一宗一宗之宗教。所谓印度哲学者，皆于其宗教求之"。[2] 从人文区位理论视角看，特定地理环境与特定人种特征，决定了特定人群的早期性格。特定社会的文化习俗产生于特定的人文区位和历史进化。人们常常从特定民族的地理和历史中去寻找这个民族的文化密码。不同文化区位中形成的不同的"四观"通过人与人的接触和交流中表现出来，甚至出现摩擦和冲突。文化融合或文明冲突，大多数情况下，冲突双方是不自觉的。因为他们都不能设身处地，从对方的文化视角看自己和看别人。在这个问题上，泰戈尔有自己的看法，他说，"将外人变为自己人是需要大智慧的。所谓大智慧，就是与外人交融的能力，以及让外人完全变成自己人的法术"。[3] 在泰戈尔看来，印度人具有这种法术，能够吸纳外来文化，也能融入外来文化，称其为"在众多中感受一致，在繁杂中建立统一。这是印度的内在特

1　梁漱溟:《印度哲学概论（外二种）》，中华书局 2018 年版，第 15 页。

2　同上书，第 47 页。

3　〔印〕泰戈尔:《泰戈尔笔下的印度》，白开元编译，中央编译出版社 2015 年版，第 58 页。

性"。[1] 若是从这样一个视角去理解印度这个无数小国组成的文明古国也不无道理。感受一致就是求同存异、共生共荣、友好相处、交流交融，这的确是各个时代的多民族国家统一的价值基础和认识基础，能不能处理好这个问题事关国运。

为什么要提出"认识基础"这一说法？客观正确认识异文化是正确认识自己的前提，不能正确认识别人，也不能正确认识自己，这个"正确"，就是价值基础。在一个多元世界，减少误判需要客观知识，也需要价值选择。

印度地理环境开阔通畅，历史上曾经被外来的民族多次征服。纵观其历史，印度的分裂多于统一，直到英国殖民者到来，它的历史脉络比较难把握。英国殖民者的到来不仅带来了民主制度、工业革命和英语，也第一次绘制了印度地图。这张地图把南亚次大陆上的不同文明和族群包容进来。人们可以通过创造象征来创造历史，从此使印度在心理上成为一个整体。象征有时会塑造一种文化，文化会形成凝聚力抑或向心力。印度地理位置及其特点，使之在历史上多与西亚之间发生交流，与中国交流不多，对于东南亚则主要是一种文化输出。在这个意义上，印度自身文化保存和保护得比较好，这也许是外部的人们感觉印度文化

---

1 〔印〕泰戈尔：《泰戈尔笔下的印度》，白开元编译，中央编译出版社 2015 年版，第 134 页。

神秘的原因之一。

印度总理贾瓦拉哈尔·尼赫鲁对印度的地理和民族文化的关系给予这样的解释，"在决定民族的特性和历史上，地理上的特征具有强有力的影响。印度因被喜马拉雅山这巨大的障碍和海洋所隔绝的事实就在这广大地区上产生了一致的意识，同时也就滋生了闭关主义。一种生气蓬勃而纯一的文明就在这片广大的地域上成长起来了，这文明有充分扩张和发展的余地，并且继续保持着坚强的文化上的一致性。然而就在那一致性之中，地理环境又产生了多种多样性。广阔的北部和中央平原不同于丘陵起伏和色彩杂陈的德干地区，而在不同的地理区域中生活的人民就发展着不同的特性"。[1]在尼赫鲁看来，印度人们有着统一的思想意识，印度次大陆无论在地理上还是经济上都是一个整体，存在着文化的多样性，这多样性文化又具有一致性，就像无数珍珠贝通过一根线串起来一样。中央平原有利于交通设施建设，而且大部分土地肥沃且平整，适宜农业生产。这是一位印度政治家视野中的印度文化统一性与多元性。

（二）一个有灵性的民族

印度文化寓于其地域和气候之中，种族、体质、

---

[1] 〔印〕贾瓦拉哈尔·尼赫鲁:《印度的发现》(下)，向哲濬，朱彬元，杨寿林译，世界知识出版社2018年版，第576页。

语言、饮食等方面的差异造成了印度的形形色色的社会习惯，也构成印度文化多样性的基础。高寒地区人民的着装与高热地区人民有着明显的区别，各地区的人民有着自己的服饰习惯和穿着风格。印度西北地区居民主要以吃小麦为主，在南部印度，稻米和鱼类成为主要食品，南方居民比北方居民更喜欢辛辣的食物。这点与中国有一定的相似性。

印度从来就不是单一文化和单一习惯的社会。多元文化表现在衣食住行等各个方面，构成了生活的多样性。素食主义是这个国家的特色之一。尽管印度是一个素食主义国家，也依然有大量人口是非素食主义者。还有，各个地区和民族的节日、仪式、社会交往活动方式也各具特色，这也体现在文化艺术中。可以想象，印度这样一个历史悠久、地域辽阔、人口众多、民族多元的国家，社会文化习俗必定是多元的。值得进一步研究的是，在这样一个多元文化的国家，各个民族是如何友好相处和不断融合的。他山之石，可以攻玉。

印度的生活文化可以追溯到吠陀时期（公元前1700年至公元前500年），后来的文学思想、哲学思想、惯例习俗在全国逐渐形成一致，各地的社交仪式、宗教仪式、节日活动、生活方式也具有普遍性，家庭的神圣性、种姓制度的约束性也是如此，当然各地也还有着自己的一些有特色的文化传统。

鸦片战争之后，新中国成立之前，中国学者们对于世界文明、东西文化进行了大量研究。当时的中国学者们把世界文明分为三大系，有代表性的是梁漱溟先生，他的代表作《东西方文化及其哲学》在20世纪二三十年代曾引起广泛讨论，胡适之等人都参与其中。梁漱溟先生认为，印度文明属于世界早期文明三大系之一。他讲的三大系意思是指，这些文明在最初发生在自己的人文区位，而后向外辐射扩展。仔细品读梁漱溟先生所谓"文明三大系"，实际上包含两层意思。一层意思是，他从文明起源提出历史上各自发端于特定人文区位上的"三大系"，指埃及文明、希腊文明和包括中国文明在内的东方文明。梁漱溟先生在1921年写道："东方文化的两大支，是中国化和印度化，以上所说是对于中国化。对于印度化，如李守常先生说：印度'厌世的人生观不合于宇宙进化之理'，则又是将印度化一笔勾销了！"[1]另外一层意思是现代世界文明。罗荣渠先生在其主编《从"西化"到现代化：五四以来有关中国的文化趋向和发展道路论争文选》一书的代序《中国近百年来现代化思潮演变的反思》中谈到梁漱溟现代世界三大文明，是指"西洋文明、中国文明、印度文明三大文明

1　梁漱溟：《东西方文化及其哲学（节录）》，罗荣渠主编：《从"西化"到现代化：五四以来有关中国的文化趋向和发展道路论争文选》，北京大学出版社1990年版，第55页。

循序演化的世界文化观，认为在最近未来将有'中国化复兴'，将来继之以'印度化复兴'。"[1]梁漱溟先生所谓"埃及文明、希腊文明和包括中国文明在内的东方文明"，是指发生、起源意义上的文明；而他所谓"西洋文明、中国文明、印度文明"则是指现代意义上的文明形态。印度总理贾瓦哈拉尔·尼赫鲁也认为，由中国和印度文明组成的东方文明在其历史开启之初就存在了，尽管两个国家都曾经历了盛衰隆替，变迁更迭，但是两国的历史和文化，源远流长，从未中断过。[2]"我们说印度其实是指佛教，因为唯佛教是把印度那条路走到好处的，其他都不对，即必佛教的路才是印度的路。"[3]印度佛教传向中国就是一例。当然，佛教传入中国后，逐步与中国文化融合，也就脱离了与印度的关系，变成了中国化的佛教，成为中国文化的一部分，尤其是信仰体系中的许多理念与印度有着不可割断的关系。[4]例如，"'金刚

1　罗荣渠：《中国近百年来现代化思潮演变的反思（代序）》，《从"西化"到现代化：五四以来有关中国的文化趋向和发展道路论争文选》，北京大学出版社 1990 年版，第 9 页。

2　〔印〕贾瓦拉哈尔·尼赫鲁：《印度的发现》（上），向哲濬、朱彬元、杨寿林译，世界知识出版社 2018 年版，"中译本序言"。

3　梁漱溟：《东西方文化及其哲学（节录）》，罗荣渠主编：《从"西化"到现代化：五四以来有关中国的文化趋向和发展道路论争文选》，北京大学出版社 1990 年版，第 69 页。

4　〔德〕范笔德：《亚洲的精神性：印度与中国的灵性和世俗》，金泽译，社会科学文献出版社 2016 年版，第 48 页。

乘'（Vajrayāna）又叫'真言乘'（Mantrayāna，神咒乘），它在印度几乎是被彻底根除之前，曾是佛教在该国所具有的最高形态。但后来却主要是吐蕃（西藏）接受了这份文化遗产"。[1]曾任山西大学教授的常燕生在《东西文化问题质胡适之先生》一文中写道："上古时代埃及巴比仑、印度、中国各文明都是独立发生的。中古时代罗马与中国似乎东西对立，但其实中亚一带印度的佛教文明和安息、大夏、大月氏等大国的文明都各有他的特色，到阿利伯人崛起之后，这种形势更显明了。至于近代的文明其不能以欧洲限之，更为易见。"[2]

尽管黑格尔对印度文明在本质上持否定态度，但在西方的概念里，印度是一个有灵性的民族。[3]最近一个时期，一些国内业内人士也有类似看法。印度是个古老的国家，也是一块宗教热土。除了印度教，佛教也出自印度，佛教传到中国并被中国化是后来的事情。印度文化是历史积淀的结果，尽管历史上的印度遭受不同文化的入侵，但是最终各种文化能够和谐相处，

---

1 〔法〕罗波尔·萨耶：《印度—西藏的佛教密宗》，耿昇译，中国藏学出版社 2013 年版，第 9 页。

2 常燕生：《东西文化问题质胡适之先生——读〈我们对于西洋近代文明的态度〉》，罗荣渠主编：《从"西化"到现代化：五四以来有关中国的文化趋向和发展道路论争文选》，北京大学出版社 1990 年版，第 177 页。

3 〔德〕范笔德：《亚洲的精神性：印度与中国的灵性和世俗》，金泽译，社会科学文献出版社 2016 年版，第 49 页。

保持了文化的统一性和多样的统一。1923 年 3 月，胡适在《读梁漱溟先生的〈东西文化及其哲学〉》一文中指出："大家都以为印度人没法生活才来出世，象詹姆士所说，印度人胆小不敢奋斗以求生活，实在闭眼瞎说：印度人实在是极有勇气的，他们那样坚苦不挠，何尝不是奋斗？"[1]

文化并非仅仅是歌舞音乐，它蕴含了一个国家、民族、族群的价值观念、未来目标、行为方式和共同信念。一个国家和民族能不能为其他国家接受，取决于其文化的包容性，在这个意义上，文化在国家建设中具有举足轻重的地位。印度文化历史悠久，但非铁板一块，也不是一成不变的，它在历史发展中不断吸收其他文化，不断适应经济社会发展的变迁，而就能够生存和发展下来，既能延续历史，又能为当代的人们所接受。各个国家，乃至人类也需要从历史大势和人类发展看其未来的发展态势。

二、源远流长的民族交融

（一）历史上的原居民

印度自有的文明是由达罗毗荼人创建的。达罗

---

[1] 胡适：《读梁漱溟先生的〈东西文化及其哲学〉》，罗荣渠主编：《从"西化"到现代化：五四以来有关中国的文化趋向和发展道路论争文选》，北京大学出版社 1990 年版，第 115 页。

毗荼人城市国家是印度最早的古国。达罗毗荼人建立的印度文明是更加原始的文明，达罗毗荼人也是更加早期的印度民族。根据历史记载，达罗毗荼国周边有6000余里。达罗毗荼人性格温顺。在后来的历史中，不断有其他文明进入南亚次大陆。其中有争斗也有和谐，有冲突也有融合，重演了历史上各个民族历史进程中的争斗与融合的故事，形成不断叠加、日益积淀的文化层次、风俗习惯、行为规范、宗教哲学。印度文化历史悠久，跨越4500多年。空间在时间中流逝，时间通过空间展示。

印度的原居民和外来居民祖祖辈辈生活在这样的人文区位上，形成自己独特的人种、文化，建立了自己独特的社会。按照季羡林先生的说法，"在公元几十万年的时候，这里已经住着人类。考古学家在南印度讫利士那河以南，在毗马河和冬伽布德拉河之间的屏西山脉一带，还有别的地方，发现了许多旧石器时代的粗糙的石器，多半是用石英岩制成的。这时候住在印度的人大概是尼格罗种"。[1] 作为人类历史上传承最悠久的文明之一，印度文化也经历了旧石器时代、中石器时代、新石器时代和金石并用的时代。印度的人种，按照学术界公认的划分方法，分为五个主要类型：尼格罗人、澳大利亚原始人、地中海人、迪纳拉人以及印度土著人。不同民族形成了各具特色的民族

---

[1] 王树英编：《季羡林学术著作选集：印度历史与文化》，新世界出版社2016年版，第6—7页。

风格，包括语言。但是，"文化不是一个自变量。影响文化的因素包括地理位置和气候，政治以及历史的变幻无常等"。[1] 印度文化确实需要从各种复杂的历史因素中去全面阐释。泰戈尔写道：

> 无人知道谁的呼吁下多少人流汹涌澎湃，
> 从何处注入印度的茫茫人海。
> 雅利安人、非雅利安人、达罗毗荼人、中国人、
> 西徐亚人、匈奴人、帕坦人、莫卧儿人在印度的
> 躯体里交融。
> 今日开启西部的大门，
> 人人送来丰厚的礼品，
> 赠纳，融合，无一回遁，
> 在这印度巨人的海滨。[2]

现代印度是历史上诸多民族流动、融合的结果。中华民族也经历了这样一个多元一体格局的形成过程。就世界范围内而言，多元一体格局并非是一种独特现象。自从发生了人口流动和建立民族国家，多元一体格局成为世界各个民族存在的常态。

---

1 〔美〕塞缪尔·亨廷顿、〔美〕劳伦斯·哈里森主编：《文化的重要作用：价值观如何影响人类进步》，程克雄译，新华出版社 2010 年版，第 37 页。

2 〔印〕泰戈尔：《泰戈尔笔下的印度》，白开元编译，中央编译出版社 2015 年版，第 271 页。

印度国歌中也唱道:

> 听着你高亢的响彻四方的声音,
> 印度教徒、佛教徒、锡克教徒、基督教徒、
> 穆斯林、波斯人,来自东西边陲,
> 聚集在你御座的周围,
> 编成的花环溢散着爱。
> 胜利属于团结民众的印度命运的主宰。[1]

(二)雅利安人的到来

雅利安人的进入是印度历史上的大事变。大约在公元前 1500 年,生活在高加索和中亚被称之为雅利安人部落中的一支连续不断地穿越帕米尔雪域高原,陆陆续续来到南亚次大陆。"雅利安"在古印度文献中被视为"出身高贵的人"。有人说,"雅利安"是来自伊朗的波斯语,意为"有信仰的人",也有人说,来自梵文,意为"高尚",总之,说法诸多。

随着雅利安人的进入,整个印度北方被占领,甚至扩展至全部印度河流域,并建立了持续千年的古印度吠陀文明,也就是后来印度的四大文明之一。雅利安人创造的文明仍然影响着现代印度人的生活,包括宗教、文字、社会阶层,等等。印度官方语言——印

---

1 〔印〕泰戈尔:《泰戈尔笔下的印度》,白开元编译,中央编译出版社 2015 年版,第 284 页。

地语就是由梵文发展而来的，梵文是由雅利安人创造出来的。梵文由于复杂难学，后来逐步演变成为现代的印地语、乌尔都语，以及孟加拉语。现代印度的许多宗教仪式依然使用梵文。印度教也是从古雅利安人的吠陀教演变而来的，它是印度本土的宗教、哲学、习俗、习惯等文化的系统性、综合性的表述。据有关专家研究，印度教本身没有明确的界定，它是囊括了印度本土各种文化、价值和信仰的综合体。

（三）多元统一的民族构成

"印度"这个名字的深层次含义是指古老的"巴拉塔瓦尔沙"（Balatavarsha）或神话般成名的巴拉塔土地（Balata Land）。印度西部的许多伊斯兰国家都喜欢称其为 Hind（印度）或 Hindustan（印度斯坦）。这些命名反映了这个国家的多样性。往深层次和具体领域看，印度的特征，无论从哪个方面看，都体现为"多样性的统一"，这种"多样性的统一"表现在地理、气候、民族、语言、宗教、种姓、信仰等诸多方面。众多的民族、语言、宗教、信仰组成了一个统一、团结的共同体，丰富了印度的民族文化。这种"多样性的统一"也是现代印度文明的基本特征之一，也可以称之为多元一体格局现象。

前面论述中已经显示，印度是一个人口众多、规模巨大，由诸多民族组成的巨型国，是一个民族博物馆。现代印度人是由古代的雅利安人等族群构成的，再到后来，英国人、阿拉伯人、匈奴人、葡萄牙人、萨卡人、希腊人、波斯人、土耳其人，还有其他欧洲人，在人口流动、经济交流、社会进步过程中不断进入印度，开展交往交流，逐步实现融合，构成了现代印度的社会。这些来来往往的族群都对印度文化和文明做出了自己的贡献。印度的语言是"多样性的统一"。大多数印度人说印地语，除此之外，印度几乎每个地区都有自己的语言。印度北部主要是说印地语，南部主要是说泰米尔语、泰卢固语、马拉雅拉语、卡纳达语，等等。在西孟加拉邦流行的是孟加拉语。英语在印度非常普遍，不仅是官方语言，在国家统一和印度参与全球化过程方面也发挥了一定的作用，也有人讲，因为语言繁多，印度不得不把征服者的语言拿来当作自己的官方语言。梵文是印度重要的精神经典语言和文学语言。[1] 梵语也是印度教的基本语言，也是印度延续两千多年的官方语言，中间几经变迁，梵语和英语在印度依然是主要语言。印度的许多其他语言，诸如印地语、马拉地语、瓜加拉提语、孟加拉语、奥里亚语、泰卢固语、泰米尔语、卡纳达语、马拉雅拉姆语最早都起始于梵语。[2] 语言的多样性和宗教的多样

---

1 Unity In Diversity, https://imp.center/i/article-unity-diversity-india-76/.
2 Ethnic and Religious Diversity in India, https://study.com/academy/lesson/ethnic-groups-in-india.html.

性代表了这个国家的多元性统一这一鲜明特征。[1]民族和语言的多样性使印度的多样性不亚于欧洲的多样性。换句话说，语言多样性是印度文化的多元性的具体体现。语言上的特色也使得各种文学作品很容易区分开来。这些不同语言创作的文学在一个统一国家中如何共同发展是非常重要的问题，它直接关系一个主权国家内部民族之间的平等问题。

印度是一个庞大而高度多样化的国家，印度社会由众多不同的民族组成，每个民族都有自己独特的习俗习惯。"印度人"一词虽然可以准确识别个体是否是印度公民，但不能提供个体的文化群体属性。

世界上各个民族、国家在历史发展中保持自己的特点的同时也不断在融合中发展，其背后有四样东西在推动：交通工具的发展、通讯技术的进步、经济的交流、人口的加速流动。在这样各种要素的流动和作用下，各个民族、文化相互交流、融合、发展，共同组成了世界民族之林。各个主权国家在自己的政治和行政体制环境中，如何处理好不同族群之间的关系始终是现代国家治理体系中的核心问题之一，在深层次上不仅有文化的原因，也有利益格局的因素，还有经济和文化因素带来的心理因素。在某种程度上讲，心

1　The Indian National Character, http://flashofsteel.com/index.php/2011/07/24/the-indian-national-character/.

与心的关系更是核心问题，这在日趋全球化时代更为突出。多民族、多文化的国家与单一民族国家的治理自然有着不同的治理之道，这是需要另外研究的问题。

（四）现代印度的人口与城市化进程

从历史上看，印度似乎不是一个擅长记载历史的国家。在1860年以前，这个国家几乎没有什么系统的统计资料，缺乏以全国为单位收集和统计资料系统，更没有可以进行国际比较的资料。只是到1860年之后，英国殖民者统治的政府才开始建立系统数据采集、收集、公布机构，形成各种官方统计数据。研究印度的对1860年前的历史，开展国际比较，这是个难点。

印度这个国家地域和文化多样的特性，给它的政治治理带来了一系列的问题。印度有28个州和7个地区。印度是世界上最古老的文明古国之一，有着悠久和独成一体的文化。从历史来看，印度在面对外来入侵时，国家的统一时常遭受不同程度的冲击，这些冲击来自分裂主义、地方主义等，即便是在英国人统治时期，印度内部也没有完全一致对外和同仇敌忾，没有形成广泛的统一战线，根本障碍在于种族、语言、宗教、种姓、信仰的差异，再加上地区之间的发展不平衡。直到19世纪，印度人还没有形成一种普遍的民族感。一些地方的行之有效的地方主义也阻碍了这个国家统一的政治理想。一方面，印度有一种深层次的精神因素引导着这个国家走向统一，团结是印度文化的遗产，是印度的精神和传统。国家统一的行政体制也促成了这个国家的团结，统一和团结成为印度文化的深层次的东西。另一方面，种族、肤色、语言、服装、举止和宗教的无限多样性又使这个国家在走向统一的过程中不断遭受削弱。这是一个悖论。这也是当代世界上许多国家共同面对的问题。一种文化的统一性首先取决于它的地理位置和地理环境，因为地理环境决定了文化的传播和文化之间的交流和认同。南亚次大陆这样一个地理位置和地理环境自古就铭刻在印度人的心里，在人们的心里形成统一的感觉。地理环境和人文区位造成了一个比较紧凑的地理单元，赋予当地人们一种统一的感觉，使他们有着深深的地理统一感，产生了国家的统一性，形成了命运共同体意识。历史上来自域外的民族进入印度领地，诸如雅利安人等，慢慢就把自己融入了印度文化，同时也造就了印度文化。穆斯林来得比较晚，后来也融入印度文化之中，在这个过程中慢慢形成多元一体格局，逐步形成多元统一格局中的印度人的性格和特点。尽管有着种族和文化上的差别，印度在整体上保持着自己的团结模式，在语言、宗教、社会生活等方面也反映出这种团结感。这种感觉成了印度文化的精髓，这精髓使印度文化保持了多样性和统一性。

根据2021年的统计资料，印度年中人口大约占世界年中人口的 17.78%，几乎与中国持平。但是，印度的国土面积较小，只有 298.0 万平方公里（2020 年数据），仅为中国的 31.04%。2020 年印度的人口密度每平方公里 464.1 人，是世界平均水平的 7.77 倍，是中国的 3.1 倍。2020 年出生时人均预期寿命 69.9 岁，低于全球预期寿命的平均数。2020 年，印度人口粗出生率和粗死亡率分别为 17.4% 和 7.3%，都低于世界平均水平。[1] 这个国家的城市化率刚刚达到 29%，大约 71% 的人口居住在乡村，低于世界城市化的平均水平。就其城市化水平而言，大约相当于中国 1995 年的水平。这个国家超过千万以上人口的城市有加尔各答、新德里和孟买。从全球人口结构看，世界上 25 岁以下的人口中五分之一来自印度，47% 的印度人年龄低于 25 岁。当然，印度人口老化也呈增长趋势。在印度摆脱英国殖民统治的 1947 年，这个国家的年龄中位数为 21 岁。60 岁以上的人口仅仅占总人口的 5%。眼下，印度的年龄中位数已经超过 28 岁，10% 以上的印度人口超过 60 岁。

随着工业化和城市化进程不断加速，大约有 2 亿印度人在国内各个邦、州地区之间迁移，未来的人数必定会继续增长，越来越多的人会离开农村到城市找工作，谋取生活。印度南部人口出生率下降速度要比

1　国家统计局：《2022 年国际统计年鉴》，中国统计出版社 2023 年版，第 89、90、95、97 页。

人口更多的北部快。20 世纪中叶以来，印度生育率开始大幅下降，从 1950 年每名妇女生育 5.7 个孩子下降到 2022 年每名妇女生 2 个孩子。这也与城市化、人口迁移、生活改善有关。1/3 的印度人口出生在 20 世纪 90 年代的市场化改革和经济自由化之后，这代人将成为新经济的生力军和新型消费模式的主体。

北部部分地区人口的快速增长降低了居民的生活水平。尽管印度政府通过经济发展为年轻的劳动年龄人口创造就业机会，实现最大限度利用人口红利，但只有相当一部分印度劳动年龄人口，大约占 40%，在工作或希望工作。

在 20 个世纪下半叶的大部分时间里，印度的人口都在快速增长，每年增长近 2%。随着社会发展，越来越多的印度人获得清洁饮用水，现代污水系统逐步建设，特别是城市居民的生活品质会不断提升。

这一点与中国比较有很大差别，中国在 1979 年改革开放初期，并没有超过 1000 万人以上的城市，改革开放 40 多年来，中国超过千万人口以上的超大型和特大城市已经为数不少，其中北京、上海、重庆都超过了两千万人，深圳、广州、苏州等特大城市也快速发展。印度大约有 1/3 的人口生活在联合国规定的贫困线以下，按照联合国的人类发展指数，印度的人类发展水平不是很高。当然，与中国几乎等量的人口，在进一步工业化的进程中，印度人口会进一步聚集，这是必然趋势。无论是看国民经济总量还是看人均 GDP、城市化率、贫困率，印度与中国还有相当大的差距。

（五）一群文明小国组成的文明古国

印度不是铁板一块，各地情况千差万别。例如，电影导演阿那班·奥尼尔移居到印度后发现，"我意识到，虽然我们之前生活在小城市，但是我们很自由，而且男女平等，但这一切在加尔各答却很反常。这就是我对印度的第一印象，后来，我才知道印度的不同地方是完全不一样的"。[1]也曾有人说过，印度，远看是一个文明古国，近看，是一群文明小国。在印度大陆，生活着若干拥有悠久历史和自身文明的社群。

过去近 200 年间，"民族国家"（nation state）成为一种普遍的社会组织形式，未来，"文明国家"（civilization state）能不能取代"民族国家"成为全球化下的新的社会组织形式，还有待于研究，面对世界百年未有之大变局，全球化何去何从还有待于观察。所谓"文明国家"是指，一个国家不仅代表着一块具有特定历史的疆域操着某种语言的社群，或者是种族社群，它也代表着独特的文明。从各国坚守的文化自信看，这是有可能的，但从全球生产一体化看，文明

---

1 〔印〕尼马尔·库玛、〔印〕普丽绨·查图维迪：《勇敢的新宝莱坞：对话当代印度电影导演》，裴和平译，中国传媒大学出版社2017年版，第117页。

国家又似乎必须坚守公共的行为准则。在历史进化中，"文明主体性"与"技术工具性"一直是存在博弈的。19世纪随着民族国家的形成，一个显著的特点是宗教的民族化。各种宗教不再是各个独立小国的政治身份形式，而是统一国家意志下的一个因素。同时宗教也赋予国家信仰、道德意志。20世纪后期以来以互联网为基础的全球化如何把文明带入新阶段，在技术、贸易、人口等新的因素作用下，文明将以何种方式发展，我们拭目以待。

三、宗教成为各族人民的生活方式

印度的宗教也体现了"多样性的统一"。纵观历史，从佛教、印度教、锡克教，再到后来的基督教、伊斯兰教、犹太教，这些宗教相互融合，共同生存和发展，都拥有着自己的仪式、节日。在印度，宗教和哲学似乎难以分开。林语堂道，"我怀疑世上除了犹太人以外，还会有哪个民族能像印度人那样具有如此强烈的宗教情愫"。[1]

（一）全民信教的国家

印度是一个全民族信教的国家，主要有印度教、

1　林语堂:《印度的智慧》，杨彩霞译，陕西师范大学出版社2008年版，第15页。

耆那教、佛教等。宗教不仅是印度人的信仰，也是印度各族人民的生活方式，甚至还可以说是印度文化中最根深蒂固的因素，源远流长，影响深远。"在印度，宗教和哲学是分不开的。在这个国度，重提哲学和宗教之间'关联'就没有必要了，在现代世界也不存在找到缺少这一环节的关键问题。"[1] 宗教对人们思想禁锢，种姓对人群区隔，男权对女性的歧视，构成了印度社会的特点。印度文明与宗教性和宗教多元性密不可分。源远流长的历史，优厚悠久的文明，浩瀚如海的传承，使人们深深感受到了印度的神秘特色：眼花缭乱，目不暇接。

印度社会和政府对宗教采取了包容的态度，各类宗教并存，有自己发展的自由。不同的宗教有不同活动场所，风格各异，颇有点"百家争鸣"的味道。这些宗教又直接体现在人民的日常生活中，表现为不同的生活方式。这种渗透到日常生活的宗教精神，又成为人们的内心约束，所以印度的行为规范和道德水平相对不低，犯罪、抢劫率并不高，或者是因为有信仰的缘故。这也许是宗教价值观和人生观使然。在当今的国际交往中，民族的信仰是一个非常重要的条件，缺少信仰会被视为一个难以融入国际社会或者受到国

---

[1] 林语堂：《印度的智慧》，杨彩霞译，陕西师范大学出版社2008年版，第10页。

际社会质疑、排斥的因素。有信仰的社会被认为对自己的内心有约束，其可信度和依赖度会大大提高。缺乏信仰的人群，会增加不少的不确定性，也容易随波逐流。这从另一个角度也揭示了为什么印度人在一些跨国企业更容易被西方老板和同事接纳的原因。当然，在讨论宗教信仰时，需要把宗教和巫术区分开来，在印度，尤其农村地区还存在大量巫术。

印度文化，从文学艺术到民族风俗，无不受到宗教的影响，各种文化艺术的表达方式也深深打上宗教的烙印，许多近现代艺术作品都取材于印度宗教中的内容。

（二）作为基本精神内核的宗教

印度的苦行僧很多，他们坚信在苦修中能够寻找未来的真理。从古代到现代印度，多元化和宗教性是印度文化两大基本特征，这是它为什么有世界宗教博物馆之称的原因。可以说，印度文化基本上是宗教文化，尤其占主导地位的印度教文化是印度文化的基本内核。即便是在佛教鼎盛时期、穆斯林统治时期或英国殖民时期，印度教教徒也始终是这个国家教民的主体，占据大多数人群。对印度文化和印度人的性格产生重大影响的两大因素是宗教和种姓制度：宗教之间的不相容和种姓之间的隔离塑造了印度社会的基本特点和基本的社会结构。种姓制度产生于大多数印度人信奉的印度教。这种由印度教规定的种姓制度把人从一生出来就划分为不同的阶级，而不因后天的努力能够改变，它"'趋向于使现有的不平等变得格外僵化和顽固'，而且'加强了人们普遍轻视和厌恶体力劳动的态度'"。[1] 然而，印度教是印度社会体制和种姓制度的价值基础。

印度宗教信仰氛围极其浓厚，尤其是印度教具有自己独特的教义和信仰体系。宗教向来是一种最具丰富内容的价值观，也是理解印度文化和价值体系的关键，同时它也是印度人的世界观。印度很早就输出和传播自己的宗教教义和信仰，这就决定了印度文化在深层次上不同于其他文化，造成了与其他文化之间的质的差异。与其他文明一样，印度在其历史中生长出了绚丽多彩的文明，最为著名的莫过于其宗教文明。印度给人的印象是，一方面过于多种多样，混乱不堪；另一方面它非常迷人，不同寻常。

这里主要说说印度教。印度宗教的神秘主要来自印度教，印度教既是宗教信仰，也是绝大多数印度人民的行为规范和生活方式。

印度教即婆罗门教，印度的国教，也是世界主要

---

1 〔美〕塞缪尔·亨廷顿、〔美〕劳伦斯·哈里森主编：《文化的重要作用：价值观如何影响人类进步》，程克雄译，新华出版社2010年版，第362页。

宗教之一，在南亚诸国，包括巴基斯坦、斯里兰卡、孟加拉国、尼泊尔，东南亚的马来西亚、新加坡、印度尼西亚、菲律宾，以及英国、加拿大、新西兰、美国、澳大利亚、南非等国的印度裔人群中有众多信徒。

"印度教"植根于印度文化，是印度宗教、哲学、文化和社会习俗的统称，集信仰、哲学、伦理等观点于一体，体系复杂多样，甚至相互矛盾。印度教崇拜三大主神，坚持世袭等级制度，视种姓制度为核心教义，要求教徒严格遵守种姓制度，婆罗门享有至上的权威，充分体现了印度教宗教生活社会化的特征，这也是印度教与佛教和基督教等其他宗教最大的差异。"印度教"囊括了一神论、多神论、泛神论和无神论。

印度教是多神论宗教，崇拜母牛，视其为丰收和富足的象征；伊斯兰教属于一神崇拜宗教，有宰杀牛羊和食用的习惯。在文化传统上，印度教和伊斯兰教是有冲突的，缺乏文化认同的基础。不同的文化、不同的认同、不同的习惯，造就了印度这个纷繁复杂的国家。

在贾瓦哈拉尔·尼赫鲁看来，宗教有很大的不科学性，甚至有巫术的成分，使人们盲从、轻信超自然的力量。当然，他也承认，宗教信仰和宗教活动在某些方面又可以弥补人们心灵的某些需要。[1]这实际上解释了不同社会阶层和不同群体对宗教的不同需要。在他看来，"宗教所处理的是人类经验中未经翔实证明的领域；这就是说没有经过现代实证科学知识所研究过的领域"。[2]也就是人们对未知领域的一种解释。除此之外，宗教还会对人们的人生目的做出自己的解释。在印度，它就成了人们的信仰，集世界观、价值观和人生观于一体。在一个没有明确信仰的民族，也有做人处事的哲学，那是另外一种社会规范。人类，无论是个体还是群体，都需要去解决个人生活与社会生活，并且要处理好二者之间的关系。世界上也是这样的情况，有的民族文化中没有热烈的宗教情结，做人修身向来是从做人出发的，如钱穆所言，中国人做人之最高境界是道德与艺术。道德始于善，艺术始于美。

四、跨越时空的文明

印度拥有跨越 4500 年的悠久历史文化。印度吠陀时期奠定印度教哲学、印度神话、印度神学和印度文学的基础，建立了影响至今的诸多信仰和行为规范。

---

1 〔印〕贾瓦哈拉尔·尼赫鲁:《印度的发现》(上)(下)，向哲濬、朱彬元、杨寿林译，世界知识出版社 2018 年版。
2 〔印〕贾瓦哈拉尔·尼赫鲁:《印度的发现》(下)，向哲濬、朱彬元、杨寿林译，世界知识出版社 2018 年版，第 17 页。

从文化上说，印度在一个同时段里，表现出了后现代性、现代性、中世纪、古代性的并存局面。从时空结构看，印度更像一个多世纪、多种族并存的国家。

基于以上有关文化的分析视角和方法，我们把印度文化放在南亚次大陆这样一个人文生态来考察。印度文化，就其历史和现实来说，是印度人民的所有宗教和所有社区的数千种独特的文化、语言、舞蹈、音乐、食品、社会、生活方式、生产方式等，它包括了这个南亚次大陆上各个民族的全部知识、信仰、艺术、伦理、法律、规范、风俗，等等。纵观整个南亚次大陆的历史，印度文化产生于特定的人文生态、历史演进、与外来文化的碰撞。印度历史文化密码既深藏于印度哲学、宗教之中，又表现在人们日常行为和日常生活之中，在日常生活中多体现为习俗和习惯。

近现代以来，印度文化历经迷失、自觉到自信。美国历史学家罗兹·墨菲说，"受过教育的印度人在19世纪敏锐地追随西方模式，确信那是印度发展的最佳道路；他们讲英语，他们的许多文化生活也完全英国式。印度的律师、工程师、教师、文官、军官、工业家和商人，学习英国榜样并获得重大成功。甘地本人一开始也是一名英国式律师，身着西式大衣和领带在伦敦完成学业。甘地非暴力的核心是爱是以'人性善'理论为前提的。随着时间的推移，许多有教养的印度人都不知道自己是什么人，属于什么文化，或者如尼赫鲁在其自传中所讲的既非西方人，亦非东方人，与自己文化和农民群众毫无接触的一类怪人"。[1]这是指印度的文化处于迷失状态，这种现象恐怕是大多数国家在近几个世纪以来与西方文明的接触都难以避免的。面对西方的物质文明和精神文明，有些国家迷茫，有些国家抵御，也有些国家兼收并蓄。这个过程中，有的国家或地区处理得好一些，有的处理得差一些，亚洲的日本、新加坡、韩国，以及中国的台湾地区和香港地区无不如此。文明之间的冲突始终是一个重要历史现象。尼赫鲁意识到了文化迷失问题及其严重性，他发现，后来越来越多的西化印度人转变为印度民族主义者，这是一个从迷失到自觉的过程。现代意义上的印度文化是一个综合历史与现实、国际与国内各种思想、价值、生产方式、生活方式的综合体。

理解印度文化会遇到一些复杂的问题，正如前边已经提及的，印度是一个文化极其多元的国家，印度的主流文化脉络并不是那么清晰。换句话说，印度文化没有一个强有力的核心文化。墨菲还说，"世界所有主要宗教都起源于亚洲，其中包括已经传至欧洲和新

[1]〔美〕罗兹·墨菲：《亚洲史》，黄磷译，海南出版社、三环出版社2004年版，第680页。

大陆的基督教和犹太教"。[1]在墨菲看来，印度教又是所有的宗教中最古老的宗教。印度文化是世界上最古老的文化之一。

网络上充斥着大量关于印度的游记、评论、描写的作品，相当一部分作品把印度描写为脏、乱、差的国家。这一方面反映了现实的印度社会，印度在其乡村和城市治理中确实是比较落后的，再加上经济发展水平限制；另一方面反映了外来参观者可以到任何地方参观和考察，印度人自己也公开挑剔自己存在的问题。所以，人们在印度可以拍到形形色色的视频，也可以在视频中看到的一些真实情况，例如，一些城市，如孟买，一方面高楼林立、街道宽敞，一派现代化景象；另一方面，参观者随时都可能迈入破房旧屋、街道杂乱、污水四溅的贫民窟。拨开这些表面的迷雾，深入研究印度的社会和历史会发现一个很有意思的民族的历史和发展脉络，尤其是它的文化和习惯的发展。

如何判断一个民族文化的核心？这主要是看这个民族的主流文化是否可以为大多数社会成员所接受，并内化成全体社会成员的内心世界、外在行为，从这个意义上说，宗教和种姓几乎是绝大多数印度人或者主动接受，或者被动接受的信念和行为准则。宗教几乎是印度全民族都接受的，印度人只是有着不同的宗

---

1 〔美〕罗兹·墨菲:《亚洲史》，黄磷译，海南出版社、三环出版社 2004 年版，第 19 页。

教信仰而已；种姓是历史上形成的一种制度安排，不同的种姓阶级对这个制度有不同的态度。随着社会经济进步，种姓制度在现代印度经济体系中的地位不断淡化，也就是说，这种种姓等级制度在遭遇平等主义的冲击过程中逐步弱化，以适应现代工业社会、信息社会以及在此基础上的城市化要求。还有，印度发展起来的政治民主在某种程度上也在弱化印度的宗教体制。只是印度的乡土社会特征还比较明显，城市化的冲击和影响还需要随着经济改革和经济增长逐步提升。在这点上，也不能将印度与中国简单比较，中国与印度的差异不仅表现在经济体量上，也表现在发展阶段上，当然随着经济的不断发展，城市化、社会结构都会发生变化。经济和社会是一整套体系，相互搭配，形成制度安排，不会简单取决于人们的喜好。世界上的各种文化都是人类对自己生活方式的实实在在的回应，由于人类所处的环境不同、历史不一样、政治制度和社会体制上存在的差异，各种文化对于人们生活环境回应的方式和内容也存在差异，但文化基本告诉人们，应当如何对待自己的生命和如何去生活。

由于印度历史上经历过殖民主义的洗刷，在价值观上更接近西方，在未来的改革开放中，融入全球社会有一定便利性。印度在20世纪90年代开启了改革开放进程，尽管晚于中国十几年，但其特有的文化，尤其是制度特点有可能会在未来的发展中体现出自己的优势，特别是这个国家的人口结构赋予了它未来发展的长时段力量，这是我们不能不关注的。对其未来的关注要强于对现在的关注，一是因为它的经济发展很快；二是它很快会成为世界上人口最多的国家。根据联合国的预测，到 2040 年印度人口可能达到 16 亿。三是 2014 年 5 月开始执政的纳伦德拉·莫迪推行的改革未来的几年内可能会产生显著效果。莫迪曾经在达沃斯经济论坛上表示，到 2025 年印度的经济规模会达到 5 万亿美元，国际货币基金组织测算的结果是，2018 年印度经济增长速度为 7.4%，基本处于莫迪政府的预期目标区间中。

比较中国，美国乔治城大学国际政治学教授阿纳托尔·利文指出，"如果说，美国充满沙文主义色彩的、既烦躁又充满仇恨的民族主义与中国牢记近代国耻之仇的民族主义情感发生碰撞，那对全人类的文明来说必定是巨大灾难"。[1] 自特朗普就任美国总统以来挑起的中美贸易战，已经将这种美国的"充满沙文主义色彩的、既烦躁又充满仇恨的民族主义"表现得淋漓尽致。他的后继者拜登则是有过之而无不及。面对这一复杂局面，在坚持文化自信的同时，必须有充分的文化自觉、自强。

---

1 〔美〕阿纳托尔·利文:《美国的正确与错误：民族主义视角》,孙晓坤译，中信出版集团 2017 年版，第 30 页。

印度文化的神秘性不仅仅是外来人的印象和感觉，印度人自己也曾有过类似的反思。尼赫鲁就曾经扪心自问，"神秘的东西是什么，我不知道。我不称之为上帝，因为关于上帝的说法有许多是我不相信的。我发现我自己不能够根据'神人同形说'来设想一个神或任何未知的至高权威"。[1]在后来的论述中，尼赫鲁还是在哲学和宗教中寻找这种"神秘性"。这可能与他早期研究印度教教义有关。一方面，这种神秘性源于古代传说，远古的神话，有些似乎无从捉摸，使人恍惚，又似乎能够控制人们的心灵：既是神话又是想象，既像梦境又像幻觉，克劳德·列维-斯特劳斯研究发现，"神话所表现出来的全世界的人性和信仰在本质上是相似的，基本是一致的"。[2]纵观人类历史，不存在一成不变的人文生态环境和一成不变的人类"本性"，甚至历史进程也不像人们预想的那样，是完全理性的。[3]另一方面，在现实生活中，绝大部分印度人又信奉宗教，尤其是 80% 以上的印度人信奉印度教，将其奉为生活方式，赋予每一种生命灵魂，相信每个人都可以再生或转世，善有善报、恶有恶报，轮回复始，追求灵魂与神合一，这都增加了

1 〔印〕贾瓦拉哈尔·尼赫鲁：《印度的发现》（上），向哲濬、朱彬元、杨寿林译，世界知识出版社 2018 年版，第 20 页。

2 〔英〕彼得·沃森：《20 世纪思想史：从弗洛伊德到互联网》，张凤、杨阳译，译林出版社 2019 年版，第 461 页。

3 同上。

其神秘性。这就是印度。印度独立后，尼赫鲁首先考虑的是，把印度建设成为一个世俗国家。他设想印度必须沿着世俗和民主的道路前进。尼赫鲁非常重视教育问题，要求重新调整印度的教育政策。1950年生效的印度宪法规定任何印度公民都有接受教育的权利。

尽管信奉印度教的人数占据国家人口的绝大部分，但是这个国家内部差异非常大，每个邦、每一民族、每个人都有自己的故事。而且，这个国家人口众多，文化多元。这种多元文化涵盖了不同的种族、语言、身份、宗教信仰，这是研究这个国家的人们不能不重视的。不过，印度教文化是印度社会的主流文化。印度社会内部文化差异巨大，且呈现多彩多样、绚丽多姿、纷繁复杂的状态，所以，了解印度文化中人的特性、国民性和习惯是一个很艰难的过程。在人类学家马林诺夫斯基看来，社会人类学的终极目标在于洞察人们的内心世界和人们的基本想法，从而理解他们对于自己所处的社会环境的真实思想。因此，社会人类学必须研究具体的个人和人群，研究什么人们是最关心的问题、最亲近的事情，掌握他们是怎样生活的。怎样掌握人们的内心世界及社会全貌？马林诺夫斯基提出了功能主义的方法。在他看来，功能主义方法对社会人类学的基本要求是：勾画出社会的全貌并分析社会现象之间联系，注意制度要素的各方面的关联。这是我们打开印度文化中的人性和习惯这扇大门的一把钥匙。印度文化是融合宗教、节日、美食、艺术、文学、工艺、舞蹈、音乐以及其他非常奇妙的东西而构成的一种社会现象，被人们称之为"神之国"。这使其文化底蕴深厚、宽阔，丰富多彩和充满活力，其对自然的尊敬和热爱表现在生活方式上就是自然和真实。一个世纪以来，尤其是自打圣雄甘地以来，印度就以容忍、合作和非暴力著称。如同林语堂所言："和平只能从非暴力和不相信武力而来，非暴力只来自印度，因为印度人似乎真正相信非暴力。"[1]

印度是不是经济大国和政治大国可以另当别论，但作为一个文化大国，印度确实当之无愧。"印度文化"是一个非常复杂的概念，因为印度公民分为各族群、宗教、种姓、语言和地区，使"印度人"极其复杂。传统印度文化是按相对严格的社会等级来定义的。家长从小就会提醒孩子他们在社会中的角色和地位。另外，社会也强调神灵在决定人们的生活方面具有不可或缺的作用。种姓、宗教等严格的社会禁忌统治了印度数千年。20世纪以来，这些差异在大城市开始变得模糊，有的甚至消失了。在过去几十年里，印度社会发生了深刻变革，传统的印度文化在快速消失，例如，女孩开始有权利和机会接受教育，家庭妇女可以

1　林语堂:《印度的智慧》，杨彩霞译，陕西师范大学出版社2008年版，第10页。

外出寻找工作，开始自己的职业生涯，尽管有人认为这些变化不快，但毕竟变化已经开始了。

美国畅销书作家拉斯·特维德在其《创新力社会》一书中把当今世界的文明分为八大类，"西方文明、东正教文明、伊斯兰文明、儒家文明、印度教文明、佛教文明、非洲非伊斯兰地区文明以及拉美印第安文明。但在现实当中，许多地区都是将西方文明与当地文明相结合"。[1]他说的"许多地区都是将西方文明与当地文明相结合"这一点我们是可以从印度文明中感受到的，这是因为工业革命以来，西方文明随着工业革命和贸易不断地传播。从克里斯托弗·哥伦布发现美洲新大陆开始，西方文明在过去的几百年间传遍全球，渗透到各个角落，这是我们理解当代全球文明的基本线索，也是理解现代印度文化和习惯的基本视角。当然，在西方文明传播的过程中，西方文明的主导性似乎更强一些，尽管在整个历史进程中，各个文明之间的相互影响是不断发生的，比如，印度人在美国居住，在美国的生活中游刃有余，甚至学会了美国人的思维方式和生活方式，但若让美国人搬到印度居住，要求生活在印度的美国人学会印度人的生活方式和思维方式，似乎更困难一些，尽管他们会在这种异文化中学

1　〔英〕拉斯·特维德:《创新力社会》，王佩译，中信出版社2017年版，第50页。

会适应。事实上，一个人若想将自己完全置于异文化之中是必须付出巨大努力的，这意味着他们必须改变自己从孩提时代就置于大脑中的思维模式，也就是习惯，除非他们有着自省和充当局内人的能力。

从文化的积淀上看，印度自身原有的吠陀文化、达罗毗荼文化、婆罗门文化、泰米尔文化，加上主要的外来文化，诸如伊斯兰文化、希腊文化、波斯文化、中国文化，以及后来的以英国文化为代表的西方文化，这些积淀成了印度文化。伊斯兰文化与印度文化的融合长达几个世纪，各种不同文化模式是先发生冲突，逐步融合，最后成为一体。20世纪后半期在印度史学界非常活跃的历史学家 D. P. 辛加尔说道："印度文明的独特之处在于其古老性与持续性。印度文明的持续性除了其自身的活力之外，主要还由于其适应外来思想、调和矛盾并形成新的思想模式的能力。"[1]一种古老文化在能够继续保持自身特点的同时，又不断吸收和接纳外来的文化，这需要定力，也需要开放和包容。这是全球化环境下文化不断延续的重要价值观念。

印度出生的诺贝尔经济学奖获得者阿马蒂亚·森说，现代印度文化是其历史传统和现代化的复杂体，几个世纪以来殖民主义、西方科学技术和文化的影响

---

1 〔印〕D. P. 辛加尔：《印度与世界文明》（上），庄万友等译，商务印书馆 2015 年版，"前言"，第 4 页。

都在印度留下了烙印。大家庭制度是印度社会体制的特征之一。孩子们从适应、学习、接受和吸收这种多样性开始社会化。

还是回到人文生态上来，文化是人们在特定环境中的思想、观念、行为的综合，是特定社会和个体根据自己的意志对特定生活方式做出的选择，在文化人类学意义上，文化就是人们的生活方式。特定的人文生态环境在一定程度上决定了生活方式的选择。有人将印度文化的核心归纳为"灵性"。"将灵性明确地归属于印度文化，在印度民族主义的当代历史中始终扮演着关键的角色。民族主义者接受欧洲浪漫主义中'东方学者'的观点，主张印度文明的价值在于它的灵性品质。"[1] 这个分析应该说是抓得比较准的，因为它可以解释诸多印度文化中的因素，包括不杀生、素食主义以及宗教信仰，等等。

这样，我们在时间和空间上大致就把印度文化、人性的基本内涵描述出来了：宗教和种姓，一种代表着这个国家或社会的精神世界，一种代表现实社会的制度安排。具体说来，印度文化的特点是充满神秘色彩的多元性和宗教性。由于对印度的研究和关注不多，这在一定程度上增加了这一文化和印度人的神秘色彩。

---

1 〔德〕范笔德：《亚洲的精神性：印度与中国的灵性和世俗》，金泽译，社会科学文献出版社 2016 年版，第 49 页。

事实上，随着工业革命，尤其是现代化进程的加速，印度社会在发生着深刻变化，从政治、经济到社会，无一不在发生着深刻的变化。

五、进入大转型时代

技术创新加速了社会变迁。从社会经济历史的角度看，葡萄牙人进入之前，尤其是英国人进入印度之前，这个国家几乎千年未变。这千年未有之大变局始于近代工业革命和帝国主义的入侵。这种入侵源于资本主义的扩张，一方面输入工业文明的资本和技术，另一方面输入文化和制度；一方面是技术、艺术、民主、科学、人权，另一方面是侵占掠夺、走私贩毒，甚至杀人放火。近代以来，不仅印度，许多国家都经历了血与火的洗礼。

一部全球化的历史就是交通和通信工具不断变革的历史。近代以来，交通和通讯推动了各国和各民族之间的革命性交流与合作，其对市场机制的推动作用不可忽视。2020年新冠疫情的迅速传播也让人们感受了快速交通工具和无时不在的互联网的优势与劣势。一个铜板都有两面。在交通工具缺乏的情况下，地理因素自然成为交流的屏障。这样，早期民族首先在自己特定的地域环境培育了自己的文化，印度也是如此，后来遇到技术进步带来的人口移动、经济文化交流对原有制度和文化的冲击。

（一）殖民文化冲击下的印度

印度是殖民地的典型代表。近代科学技术革命和其传播，以及工业革命风靡世界，给各国带来了巨大的物质文明，各国纷纷学习西方的科技和产业，以避免陷入落后挨打的局面，印度也不例外。在与近现代科学技术、经济政治制度的碰撞中，印度社会的结构和文化被深深打上殖民色彩，这是理解当代印度不可或缺的视角。季羡林先生说，"1498 年，葡萄牙人瓦斯哥·达伽马到了印度。在印度历史上，这是一件有意义的事情，它给印度人民带来了新的问题和灾难。从这时候起，印度开始转变为西方新兴的资本主义国家的殖民地"。[1] "葡萄牙人来到印度洋的主要原因是为了得到欧洲市场大量需求的香料，特别是胡椒，但胡椒仅仅是印度洋海域众多交易商品中的一种而已。"[2] 继葡萄牙人之后，荷兰人、英国人等相继进入印度，并在这里展开了无情的殖民主义角逐。纵观印度历史，其近代史的开始与欧洲殖民主义的入侵密切相关，殖民主义者把自己的政治、经济、文化和社会基因或多或

---

[1] 王树英编：《季羡林学术著作选集：印度历史与文化》，新世界出版社 2016 年版，第 24 页。

[2] 〔日〕羽田正：《东印度公司与亚洲之海》，毕世鸿、李秋艳译，北京日报出版社 2019 年版，第 21 页。

少植入印度。16世纪七八十年代，英国人开始进入印度。到18世纪中叶，英、法在印度的争斗激烈，最终英国大获全胜，1757年，印度沦为英国的殖民地。1947年，英国议会通过《印度独立法案》，8月1日生效；8月14日，巴基斯坦宣布独立；8月15日，印度宣布独立，结束了英国对印度的殖民统治。印度独立后，实际上出现了两个国家——印度和巴基斯坦。"印度主要由印度教徒组成，巴基斯坦则是个伊斯兰教国家。"[1]这种通过分离来成立独立国家的方式并没有解决好民族问题，比如克什米亚的领土归属问题，以及两国内部的宗教教派等问题。

从葡萄牙人开始，到英国人结束殖民，历时近500年，外来的文化嵌入古老的文化，有改变，也有被改变。它不像当年的北美移民，完全进入一个新的地理环境，又无传统文化为其制度环境，其自由发展的空间可想而知。北美文化长成现在这个样子也只能到它固有的人文生态中去解释。在谈到北美移民的文化时，费孝通曾写道，这些移民"这一步是走得很孤单的：在人缘上，他们不再日常听见从小学会的语言了；在生命的经历上，是断链的"。[2]对于印度殖民地的人来

1　钱乘旦、许洁明：《英国通史》，上海社会科学院出版社2019年版，第348页。

2　费孝通：《美国与美国人》，生活·读书·新知三联出版社1985年版，第156页。

说，尽管要逐步学习别国的语言，比如英语，但是从小学会的语言依然是他们的主要语言，生活经历上也不必断裂，不必另起炉灶。

英国殖民者在印度也没完全"另起炉灶"，他们只是根据自己的需要把自己的文化和制度嵌入殖民地文化中，利用印度的文化和制度实施自己的殖民目标。殖民期间，英国的军事、科技、文化、教育相继传入印度，印度也从中汲取其文明精华，满足自身发展的需求。印度独立后，选择继续保留英国建立的英联邦制度，采用英国议会民主制度，以及继续保留英国的司法、行政管理、国防、教育和研究体制。为了实现其稳固统治，英国殖民者保留了印度的种姓制度，使印度古老的等级制度得以延伸，就像北美殖民时期，"殖民者仍自觉地遵守着三六九等的社会等级制度"[1]一样。这从另一个方面说明，英国殖民者不是为了印度社会的进步，而是为了自己的统治来设计适应印度国情的政治和社会体制。当时，包括英国人在内的欧洲殖民者来到印度，主要是为了购买印度的香料和其他物品，先是亚洲的商品进入欧洲，后来随着贸易的发展，欧洲的机器工业产品进入印度和亚洲其他国家。这也是东印度公司进入印度的目的之一，如

---

1 〔美〕迈克尔·舒德森：《好公民：美国公共生活史》，郑一卉译，北京大学出版社2014年版，第17页。

同发生在近代中国历史上的情况一样，机器大工业产品的倾销扼杀了东方国家，包括印度和中国的小型工业，甚至家庭手工业。针对这种情况，中国现代军事家蒋百里先生在其《日本人》一书中写道，日本研究印度，比任何国人都详细，他们很羡慕英国的获得印度，但他们忘记了英国人对印度的征服，用了三百年的工夫才能完成。[1]蒋百里在这里的意思是，历史上的日本关注印度如何成为英国殖民地，意在窥视中国，殊不知，英国人用了三百年的时间才实现了其殖民印度的目标。也就是说，文化和制度从移植到定型需要长期的历史过程。

近代以来，全球掀起了推进经济和社会现代化的浪潮，不少国家把历史上曾经创造的文明当成与现代化相悖的东西一扫而光，宽阔的广场、高大的建筑取代了历史的记忆，在城市中，动物几近消失。在这一点上，印度没有随波逐流。印度政府在推动经济社会发展的同时，保留了印度古老文明的所有要素，现代印度人依然习惯与动物共生，在印度的大街小巷看到比比皆是的各种动物，也就不足为奇。但是，从发展的视角望去，印度特色的国情，决定其现代化进程和全面改革会不可避免地面对各种各样的阻力，历史

1　蒋百里：《日本人》，〔美〕本尼迪克特、〔日〕新渡户稻造、戴季陶、蒋百里：《日本四书：洞察日本民族特性四个文本》，彭凡、曹立新等译，线装书局2006年版，第385页。

的与现实的、传统的与现代的，等等。在印度，创新也是困难重重，现任总理纳伦德拉·莫迪一定有着深刻的体验。继承拉奥和辛格改革的衣钵，莫迪开启改革的第一项任务是土地改革，但是遇到了征用或收购土地的私有化、电力、交通等瓶颈。莫迪试图通过土地改革来摆脱束缚，却遭到农民和反对党等强烈抵制，莫迪无奈不得不收回改革提案，宣告土地改革失败。

任何文化都不会永远处于封闭状态，随着交通工具的发展和通讯设施的进步，在产品、人口、信息交流的同时，人们自然会有生活方式上的接触和交流，甚至出现人口、家庭的融合，这也是文化融合的过程。综观印度历史，这样的过程不断重复，从古代至今。丰富多彩、多元多样是印度文化乃至世界上所有文化发展的内生动力。一般说来，印度文化的主要源流有四个：吠陀、富兰那、佛教、耆那教。它们都源自印度意识形态的高峰，但其所处的地理位置又难免受到其他各种意识形态和文化交流的影响，诸如，汉藏文化、日本文化都曾对其产生重大影响。最近笔者在看一部国产电视剧《西藏秘密》时，看到一个藏族同胞用手进餐，不由地想到了印度人用手进餐的习惯，也曾试图寻找这各个民族相同习惯之间的历史关联。

曾经长期研究印度并熟知梵文的著名学者季羡林

先生指出,"关于东方历史的某一些特点,马克思已经指出,印度的生产方式是农业与手工业在家庭里的结合。手织机和手纺机产生了无数的织工和纺工,这就是印度社会构造的枢纽"。[1]这应当是季羡林先生对印度较早时期的描述,相当于 19 世纪末 20 世纪初的中国。马克思描述的是 100 多年前的印度,那正是大英帝国进入印度、对其进行殖民的同时又引入西方工业的时期。按照联合国的人类发展指数,印度属于中等人文发展国家,在全世界排名第 131 位。总体来看,印度的发展与中国还是有一段距离的,要赶超中国需要一定的时间和一定的投入,也需要一定的国际环境。

印度在殖民时期并没有形成自己独立的工业化体系,只使自己成为英国工业链条的组成部分,为其生产黄麻和棉花,直到印度共和国成立,印度都没有完成自己的工业革命。印度领导人从其总理尼赫鲁,到国父甘地、英迪拉·甘地、拉吉夫·甘地和辛格,都毕业于英国的学校,足以看到印度的文化和传统。

印度的农业生产单产不高,总的农产品产量也不高,这有两个方面的原因:一是管理水平,总体看,印度农业管理水平不高;二是种植理念,印度人不允许使用化肥,他们将化肥视为洪水猛兽,强调绿色种植理念。

---

1 王树英编:《季羡林学术著作选集:印度历史与文化》,新世界出版社 2016 年版,第 3 页。

（二）殖民者的社会改造

对于自己曾经被英国人殖民这段历史，印度人的心理是很纠结的，一方面，他们感到被殖民是民族的耻辱；另一个方面，他们也承认殖民带来了一些方面的进步，比如技术等。总体来说，印度人在殖民这个问题上有"童年"的创伤、历史的创伤，所以，印度人特别强调民族独立。

印度是个种姓社会，一般人们把种姓分为婆罗门、刹帝利、吠舍、首陀罗四个等级，这是一种划分方法。还有一种划分方法就是从历史进化的角度，把原处居民和后来迁移而来的居民分开来，例如雅利安人就是后来的移居到现在印度本土的居民，这是印度社会结构的另外一种划分方法。它们都是印度社会结构的分层方式。

通过法律的强制执行，在一定时段内也会形成人们的社会习惯，这是把法律内化的过程，在人类进入都市社会化进程后，法治形成习惯的作用会大于习俗。英国殖民者也把西方的文化引入印度，同时，也推动了印度旧的社会风俗习惯的改革，但也保留了印度的一些习惯。比如，在"促进基督教传播的同时，殖民政权开始采取立法手段改革印度教的某些陋习。……印度新兴的资产阶级知识分子也呼吁当局采取措施。这样，就导致19世纪20年代末期起的一系列社会改革的立法。1829 年，成立了专门机构镇压拦路抢劫的自称是向迦里女神献祭的汰旗匪帮，有三千多人被捕。此前，通过两个法律，禁止把孩童抛入苏格尔岛海中的人祭恶习，禁止杀婴虐婴。更重要的立法是禁止‘萨蒂’（即寡妇在丈夫火葬堆上自焚殉夫），多次颁令宣布‘萨蒂’为非法。1843 年颁令废除奴隶制。1847—1854 年对奥里萨孔德人的人祭恶习加以取缔。1856 年又通过了印度教寡妇再婚法，规定对寡妇再嫁不得干涉”。[1] 任何一个社会的进步都离不开思想解放，也往往伴随着思想解放运动。殖民者在思想文化领域的变革，推动了印度知识界的思想解放和改革创新，也推动了印度的社会变革和社会进步，具有重大的历史意义。1853 年，马克思在《不列颠在印度的统治》和《不列颠在印度统治的未来结果》两篇文章中分析了殖民主义对印度影响的双重性：“英国在印度要完成双重的使命：一个是破坏的使命，即消灭旧的亚洲式的社会；另一个是重建的使命，即在亚洲为西方式的社会奠定物质基础。”[2] 从马克思的论述可以看出，殖民主义者从来就不是为了印度的发展，而是为了宗主国自身的利益。

　　资本主义在西方的兴起，尤其是工业革命以来

1　林承节:《印度史》，人民出版社 2014 年版，第 213 页。

2　《马克思恩格斯全集》第 12 卷，人民出版社 1998 年版，第 246 页。

的国际贸易，推动了西方文化和宗教在世界各地的传播。1600 年英帝国入侵莫卧儿帝国，建立东印度公司。1757 年后，莫卧儿帝国逐步沦为英国殖民地。1947 年6 月，英国颁布《蒙巴顿方案》，规定印度和巴基斯坦实施分治。1950 年 1 月 26 日，宣布成立印度共和国，同时成为英联邦成员国。梁漱溟先生说过，"于是古希腊人，古中国人，古印度人，各以其种种关系因缘凑合不觉就单自走上了一路，以其聪明才力成功三大派的文明——迥然不同的三样成绩。这自其成绩论，无所谓谁家的好坏，都是对人类有很伟大的贡献"。[1]西方文明，尤其是工业文明对于各国传统文明的冲击是一个渐进的过程，这也是由当时的交通和通信条件决定的。若是发生在当代，借助互联网传播，将会是另外的样子。仔细体味，其实，互联网是一场更加深刻的革命和变革，它悄悄地带来巨大的社会变迁，这是一个急速但深刻的变革。英国殖民者在印度推行新的教育体制给印度社会带来深刻变化，也给印度妇女带来了福祉。英国传教士创办各种针对妇女的教育机构，诸如女子学校、寡妇学校等，使印度妇女获得了各种各样的学习机会。19 世纪，印度政府对妇女接受教育采取了认可态度。但是在此之前，妇女的地位依然处

---

[1]　梁漱溟:《东西方文化及其哲学（节录）》，罗荣渠主编:《从"西化"到现代化：五四以来有关中国的文化趋向和发展道路论争文选》，北京大学出版社 1990 年版，第 71 页。

于黑暗之中，"福勒夫人（Mrs. Marcus B. Fuller）曾描述过这样一个场景，一个家庭欢迎学成归来的儿子。首次聚餐不是长久分别的孩子与父母共进，而是等到家庭男性成员吃完后，母亲与家里的其他女性才能进食。由这一个细小的情节，让我们明白 19 世纪前的女性受父权社会迫害及思想束缚之深，即使是作为长者的母亲，其身份也低于自己的儿子"。[1] 由此也可以对传统印度社会的习俗和制度窥见一斑。

英国人统治印度百年，西方文化潜移默化地渗透到印度社会的方方面面，大大改变了印度原有的文化传统，尤其是那些在现代文明看来是野蛮的文化传统习俗。英国人制止了婆罗门种姓制度要求丈夫死后妻子陪葬的习俗。英国人在印度兴办现代教育，倡导英文，近代科学也进入印度社会，这期间，大量印度人远渡重洋，去西方学习科学技术，大大改变了印度社会各阶层状况，尤其是上流社会的思想观念。今天印度的许多基础设施，如铁路、桥梁都还是英国人帮助建设的。现代印度的交通制度依然沿袭了英国的左侧通行的规则，官方语言是英文，等等。英国对印度的影响是深远而广泛的。

当前印度的种姓制度已经不是雅利安人最初设计意义的"种姓制度"，而是一种"现代现象"，因为它

---

[1] 蒋茂霞：《印度女性问题的历史沿革与现代演进》，中国社会科学出版社 2017 年版，第 21 页。

被英国殖民统治者从根本上改变了。在殖民者进入之前，种姓之间的关系相对比较宽松，各个种姓之间还可以有一定程度的流动。后来，殖民者严格执行种姓隶属制度，形成了较以前更严格的等级规范。在这种规范下，教育和就业是根据种姓分配的。欧洲殖民者坚持印度社会"基本宗教性质"，把种姓被定义为宗教制度，分离于政治权力之外。这样他们就可以把印度描绘成一个以精神和谐为基本特征的社会。20世纪20年代印度社会发生了一系列社会动荡，导致殖民者不得不采取一些积极的种姓制度改革政策，例如，给较低种姓群体在政府中保留一定比例的工作岗位。

在工业革命和地理大发现之后发生的殖民主义入侵，被入侵地有的沦为殖民地，有的面对入侵者不屈不挠，发生了血与火的冲突，印度属于前者。"从19世纪初开始，印度就一直处于与英国的对话中，而不仅仅是英国现代性的派生物或模仿者。"[1]但是，又必须认识到，多种语言面对一个共同问题和共同复杂的局面，如何在"美美与共"中达成共识，不能不说是一门大学问。那些被入侵并发生激烈冲突的国家，在民族心理上或多或少留下了创伤，积淀在民族心态中，成为整个民族的情绪，甚至成为一种民族的思维方式。当然，也有一些国家或地区，在这个过程中一味模仿。

---

1 〔德〕范笔德：《亚洲的精神性：印度与中国的灵性和世俗》，金泽译，社会科学文献出版社2016年版，第231—232页。

印度既不是冲突，也不是简单模仿，基本是交流与对话。这也为当今世界格局中各种各样的冲突提供了一定借鉴。尤其是对那些曾经经历血与火般的冲突而留下巨大心理阴影的民族在现代化进程中的探索是一个很好的借鉴。

印度坚定地走民主道路，尤其是在从英国殖民统治下解脱出来之后，这是非常不一般的。民主能够在印度大众中得到承认和赞同，这是一项具有历史意义的记录。而且，在20世纪的后期，印度人民一次次拒绝削弱民主的尝试，说明印度这个民族是有其特点的。经济学家阿玛蒂亚·森对这点解释是，他认为印度在历史发展中培养起来的善于辩论的习惯发挥了重要作用。民主制度与公众的议事习惯密切是相关的。这一点，也可以从古代雅典的治理历史看到。印度早期佛教坚持把议事作为社会进步的手段，从政治上说，阿育王、莫卧儿皇帝阿克巴都赞成人们之间的积极对话。阿克巴作为穆斯林领袖，不顾大臣们的强烈反对，迎娶了印度教教徒作为皇后，甚至还联络世界各地的不同宗教领袖一道探讨宗教的共同点，探索各种宗教融合的可能性。在这个意义上，印度具有民主议事的习惯，这也是为什么英国的民主制度能够在印度留下来的文化基础的原因。在印度历史上，印度教徒、佛教徒、耆那教徒、犹太教徒、基督教徒、穆斯林、琐罗亚斯德教徒、巴哈伊教徒能够在一块国土上共生，也说明了这个国家文化的包容性、多元性、宽容性。著名诗人"泰戈尔为自己的家庭背景反映了'印度教、伊斯兰教和英国三种文化的汇流'这一事实而感到自豪"。[1] 所以，需要从多元、宽容、对话、接纳等角度来进一步了解印度社会的特点。

六、世俗主义的政策

印度宪法使用"世俗"来确保所有信教的公民平等，所有的人都有信奉宗教和信仰的自由，这是各类宗教能够和平相处的制度基础。印度大多数信奉宗教，宗教对于人们的思想有决定性的影响，这也是推动印度统一的重要价值基础，它营造了一种团结感。这种团结感成为印度文化的重要遗产，形成统一的强大约束力。

宗教信仰是人们的一种内心需要，尤其是通过仪式表现出来的宗教信仰使人们的内心通过行为举动外化、标准化和集体化，会大大加强群体的团结和凝聚力，把人们维系在一个组织之中。各种宗教、风俗、信仰、文化、艺术、语言、民族以及社会体制在印度并存和发展。人们将这个国家视为一个文化博物馆，这主要是指他们文化的多样性。在印度，几乎可以看到世界上所有主要宗教的影子，各种宗教都有自己的教义和信条。人

---

1 〔印〕阿马蒂亚·森:《惯于争鸣的印度人：印度人的历史、文化与身份》，刘健译，中国人民大学出版社 2018 年版，第 25 页。

们生在同一个大地上，印度教、耆那教、佛教和锡克教都发源于印度。印度教又分为形形色色的教派，诸如赛义教、毗湿婆教、信奉教、密宗教、太阳教、加纳帕提教，等等。在印度生活的一些原始部落也有自己的独特的崇拜。几乎每一个宗教都有自己的集会方式、节日庆祝方式，各种宗教之间共同存在和发展，印度政府鼓励各种宗教和谐相处，而且有着悠久的历史渊源。"我对这个拥有多种文化、多种语言和多种接近神的方法的国家有信心。我相信，它的最大优点——多样性和乐于接受差异——将不会丧失。"[1]

独立后，印度建立了共和国。印度政府在恢复和发展经济的同时，大力推行世俗化政策，坚持宗教平等，革除印度教内部的种姓不平等和女性受歧视等恶习。为此，尼赫鲁政府颁布了一系列法律。到20世纪80年代，印度的世俗化进程一直在推进过程中，人们的思想不断解放。但是，各个领域中的种姓冲突和教派冲突却依然不断增加。历史上，种姓制度因自然经济、社会不流动和封建统治而得以存在和发展，随着自然经济的解体，社会流动性加强，以及民主政治的建设，种姓制度的基础逐步被拆除，但是，宗教制度和宗教观念依然存在，并成为种姓制度的价值基础。独立后，印度社会的种姓结构也发生了深刻变化，主

---

1 〔澳〕萨拉·麦克唐纳：《彻悟：印度朝圣之旅》，向丽娟译，商务印书馆2021年版，第325页。

要由高级种姓、中级种姓和低级种姓等三个种姓的社会阶级构成。而且，种姓制度在印度历史悠久，但从来不是铁板一块，而是随着经济社会发展不断变换形式。中级种姓的崛起是独立后社会结构变化的显著特征之一（这也许就是人们常说的中产阶级或中等收入阶层），甚至成为重要的政治力量。在这个过程中，被弱化的高级种姓自然心怀不满，采取各种方式阻止这种社会变化，最终与政党选举制度和政党选举活动结合起来，而政党对种姓的依靠，又进一步激发和强化了人们的种姓意识。在现代印度中，种姓冲突、教派冲突、经济竞争和政治博弈结合在一起，造成了印度社会的复杂性。英迪拉·甘地是继圣雄甘地之后，又是一个被宗教狂热和恐怖势力吞噬的印度领导人。她是甘地的女儿，也是现代印度政治史上最著名、也颇有争议的人物之一。在其执政早期，锡克教教徒就一直为争取更多权力和认同在奋争。他们在旁遮普邦拥有较强势力，还建了自己的寺庙，著名的锡克教庙宇——金庙。1984 年的印度大选前几年，锡克教教徒不断与印度教教徒发生冲突，为了树立自己在选举中的强硬形象，英迪拉·甘地命令军队进入金庙，酿成重大冲突，造成 600 多人死亡，4000 多人被捕，其中大部分为锡克教教徒。英迪拉·甘地的军事行动激起锡克教徒的强烈不满，尤其军队进入寺庙，是对锡克教及其圣地的极大亵渎。为了英迪拉·甘地总理的安全，印度总理府有关人员建议英迪拉·甘地撤换身边的锡克族警卫人员，英迪拉·甘地从大局考虑，为了不加深锡克族人的仇视心理，减缓民族和宗教之间的冲突，就没有接受身边工作人员的建议，依然留用锡克族警卫人员。1984年10月31日，英迪拉·甘地在从自己的卧室去办公室的路上，被两名锡克族警卫人员开枪刺杀。这件事可以使我们看到，宗教信仰在印度这样一个社会中的地位是何等重要。英迪拉·甘地的死，又引起了全国的反锡克教和锡克人的运动。

在印度的政治领域，世俗主义和教派主义的斗争一直在进行着。印度全国民主联盟1998年上台后，人们一直担心它会利用其执政地位推行教派主义，后来的实际发展证明，尽管它在个别领域中表现出了意识形态的色彩，但基本上是维护了现行的世俗主义政策。各个党派尽管意识形态不一样，或者奉行教派主义，或者信奉世俗主义，甚至有的党派内部也不统一，但在博弈过程中总能找到一个平衡点。总的看来，在印度，政党奉行教派主义会在政治上承担或多或少的风险，所以，各党派，包括印度人民党都学会了约束自己，适应新形势，这对于印度社会的世俗化无疑会减少不少障碍。在一个日趋多元化的世界，过多强调意识形态色彩，会带来巨大的文化和政治风险，甚至引发族群分裂，经济不是解决问题的唯一方式，经济和政治都会受制于意识形态。在一个日趋全球化的世界，过度民族主义也会带来意想不到的灾难。

总体来看，印度的世俗主义政策在不断得到强化，社会也在不断走向世俗化，这是一个逐步推进的过程。一方面，印度在走向依法治理；另一方面也说明，这个国家的宗教意识比较浓厚，政府在不断强化世俗主义政策导向，但各个部门和机构在执行过程中还有不同的认识，还会使用不同的尺度。印度社会走向世俗化依然任重道远。

必须看到，从政治上推进的世俗化制度建设是落后于世俗化观念的。虽然英国殖民者和后来的印度政府试图通过制度变革来规范印度的政治、社会和经济行为，淡化其宗教色彩，但在印度，宗教是几千年来留下的社会文化，深入人心，要想改变它，也没有那么容易。当代的印度，尽管政治已经世俗化，社会还受到宗教的深刻影响，尤其是在中下层社会或农村社会。而且如前所述，印度农业人口依然居多，推动这个国家现代化和世俗化依然需要不断的技术进步、不断强大的经济发展和不断深化的制度变革。

徘徊于现代性与传统性之间的
社会与生活习惯

印度各地的风俗习惯也展现了"多样性的统一"。印度的风俗习惯差异较大，有些习俗源自古老的传统。不同的族群、地区有着自己的服饰，有着自己的宗教仪式，但是他们都生活在一个统一的国家里。在印度旅行的人常常会遭遇当地人毫不掩饰的目光，这目光充满好奇。印度的习俗似乎有着印度本土和西方习俗的综合特征，加上由于曾被英国殖民，印度的某些习俗似乎更容易为西方人理解，但也不完全是这样。

印度的习惯徘徊于现代性与传统性之间，因为习惯、习俗使人们生活中遵循一定社会规范，在长期生活中形成的不自觉行为。有研究发现，"在我们的日常活动中，有40%—85%的行为都是习惯"。[1]习惯在大部分情况下是表现为一种不自觉的、本能的反映，日久天长，习以为常，在这个过程中，由于不自觉的惯

---

1 〔美〕托马斯·科里：《富有的习惯》，程静、刘勇军译，民主与建设出版社2018年版，"序言"，第9页。

性，惰性也就产生了。习惯有好坏之分，随历史时代有不同评判标准。个体的学习开始于个人在幼年对成人行为的模仿，个人在幼年所习得的既是个人行为，也是社会行为。社会学讲的社会化就是把习以为常的社会规范通过教化培养成习惯的一个过程。在这个意义上，家庭是形成习惯的重要组织环境，个人生命始于家庭。家庭风气、父母性格及其他长辈的言谈举止都非常重要。家风通过家长的言传身教内化于子女心理。家庭是人生起航的地方。仔细区分起来，习惯又有个体的习惯和群体的习惯，甚至民族和国家的习惯。习惯的改变是社会变革的重要内容，在很多情况下，习惯变革要通过社会变革来完成，通过制度、法律和社会规范的创新，通过倡导法律的规范，慢慢培养新的习惯，更多情况下，习惯是在不经意的情况下发生的。习惯是一种不自觉的行为，破除习惯则是一种自觉的行动，它首先需要觉悟、自省，有时带有革命性。

一、社会结构固化中的种姓和等级

印度文化的多样性和独特性主要体现在其独特的习俗和传统中，其中大部分来自宗教的经文。宗教决定着这个国家数千年来的生活方式。

近代以来，由于手工业和工业的发展，印度的种姓制度被职业和产业发展改变了不少。职业分层正在打破种姓分化。"有些新的职业不可能再以种姓来划分，一个人的能力和特长往往显得更加重要。这样，低级种姓人获得了提高地位的机会，对传统的种姓势力就有所冲击。"[1] 这从另一个角度说明，经济进步是社会进步的基础。经济发展必然带来职业分化和新职业群体的产生，职业变化冲击着种姓制度和传统的婚姻制度。现实的政策选择往往是在现行制度和体制上打补丁，完全的创新涉及全局改革。当然，印度距离彻底解决种姓制度问题还有很长的路要走。

还有，在资本盛行的地方，金钱的作用自然就更加凸显。在一些地方，比如城市，有钱的低种姓人可能比贫穷的高种姓人更有生存能力，更受人尊敬。当然，在农村地区，情况则不尽然。城和乡有截然不同的价值取向，从城到乡是印度历史，也是世界历史变革的分水岭，由此也可以理解为什么有那么多的思想家对这一重大历史转折倾注了那么多的精力去研究和反思。就全世界范围而言，城市发展在各个国家都慢慢出现，有的是出于统治需要，有的是因为经济发展，尤其是大规模工业生产的发展。因为后者发展起来的城市的起点主要是18世纪的欧洲，这就造成了各个国家城市进程的参差不齐，在同时段上呈现不同发展阶段这一现象。近代以来的"殖民""贸易"等都与此有一定关系。

1　王树英:《印度文化史》，安徽文艺出版社 2020 年版，第 192 页。

工业革命和城市化可以视为人类一种新文明的开始，具有划时代意义，是千年未有之大变局，它彻底改变了人类的生活和生产方式。

尼赫鲁所说的印度地理与文化问题的时代，恰恰是英国殖民者在印度实施统治的年代，他认为，尽管英国殖民者统治了印度，但就印度本身来说，它的精神从来就没有被殖民者征服过，这种根植于人民内心的文化不屈不挠，不可战胜。尼赫鲁是一个政治家，他说的不一定是真正意义上的"从来就没有被殖民者征服过"，那么多人说英语，能不改变人们的生活方式和文化吗？尼赫鲁曾致力于改革不合时宜的传统习惯。针对印度教规定妻子的主要职责是服侍丈夫，丈夫死后，妻子则失去传统赋予的地位、继承权以及应有的尊重，尼赫鲁试图维护寡妇的继承权，从法律上取消种姓制度，确定男女在婚姻和财产继承问题上的平等权利。这是一个了不起的进步，对印度社会变革产生了深刻影响。

诺贝尔经济学奖获得者、印度经济学家阿马蒂亚·森对印度社会有一段精彩的描述，他写道，"印度一直存在由性别、阶级、种姓与教派造成的严重不平等"。[1]如果看 2011 年的数据，印度的基尼系数为 0.35，与世界上主要国家比较，印度不算是很高的，如果单从基尼系数，还真看不出种姓制度对社会分化

1 〔印〕阿马蒂亚·森：《惯于争鸣的印度人：印度人的历史、文化与身份》，刘建译，中国人民大学出版社 2018 年版，第 5 页。

的影响有多大。就印度来说，最具特色的社会习惯应当包括其社会体制和社会规范。自从改革开放以来，印度政府高度重视分配制度设计，努力使人民分享发展成果。

印度宪法不承认种姓制度，这就是说，在正式的社会规范中，种姓制度是不存在的，但在现实生活非正式社会规范中，种姓制度大行其道。它从另一个角度说明，正式的社会规范和非正式的社会规范在现实生活中有时候不是一回事。这也是为什么人类学家要从实地中获得知识，而不是仅仅依靠法律条文和政策文件理解和解释社会、族群的根本原因。正式制度的意义在于，在没有强制执行的环境下，会使社会变迁具有更大弹性。种姓制度这种根深蒂固的社会结构和社会制度作为一种社会规范在印度具有深刻的社会影响，风闻世界。尤其在边远和农村地区，种姓制度对人们的社会地位、婚姻和就业都会产生一定的影响。当代印度，种姓制度的地区差异和城乡差异都还十分明显。可以这样说，印度种姓制度是印度社会体制的典型特征，它造成了社会分层和社会禁忌。在这个国家，定义社会阶级通常是根据成千上万同族间的群体遗传特征，也就是人们常常说的"种姓"。1947年，印度宣布颁布了反歧视法律和社会福利政策，但种姓制度依然存在。种姓制度在当代依然对印度教育和就业等产生重要影响。

当前人们看到的遗存的种姓制度，是莫卧儿帝国崩溃和印度作为英国殖民地这个时期的产物。英国的统治促进了这一制度的巩固和发展，使僵化的种姓组织成为行政体制的核心。自 1860 年到 1920 年，英国人为便于统治，按照种姓制度形式，给上层种姓社会成员安排行政职位和高级职位，使之成为殖民时期的一种政治制度安排。"在印度，种姓被固化为殖民政府的组成部分，并由后殖民政治形态所继承。尽管印度民族主义者在终结种姓制度方面是联合一致的，但在选举过程中，他们却只在种姓的现代化与种族化方面获得了成功。"[1] 20 世纪 20 年代发生了一系列社会冲突，不断改变着这一政策。自那时起，印度殖民政府开始调整种姓歧视政策，允许低等种姓群体在政府中工作，但在数额上给予限制。英国人把种姓制度变成等级森严的阶级秩序，固化了印度的社会不平等和不公平机制，也缺乏人道主义精神，与英国人一直秉承的平等观格格不入，种姓制度成为印度经济社会发展的桎梏，在政治和社会生活中发挥着重要的作用。英国人在印度种姓制度安排上的所作所为说明，在殖民主义过程中，其平等观是两面性的，核心是看他们的利益之所在。在平等观和利益之间，英国人选择了后者。

---

1 〔德〕范笔德：《亚洲的精神性：印度与中国的灵性和世俗》，金泽译，社会科学文献出版社 2016 年版，第 223 页。

　　著名印度诗人泰戈尔在 1893 年写的诗篇《婆罗门》中描述了人们对低等种姓的蔑视态度：

> 这时候，苏陀伽摩
> 来到圣者身边，躬身向他摸足致敬，
> 默然不响睁大了一双真诚的眼睛。
> "愿你幸福，善良美丽的孩子，"
> 圣者乔达摩又重复昨晚的讯问：
> "你属于哪个种姓？"孩子扬起头说：
> "师傅，我不知道我属于哪个种姓，
> 我问过母亲，母亲说：'苏陀伽摩'
> 你生在没有丈夫的遮婆罗的膝下，
> 妈妈曾侍奉过不少男人——不知道
> 谁是你的父亲。'"
> 听了苏陀伽摩的话
> 乔达摩的弟子像受惊的群蜂立刻
> 张皇失措——营营不休纷纷议论着。
> 有的讪笑，有的替他害羞，有的
> 骂着："无耻的非亚利安贱种！"[1]

　　泰戈尔的这首诗取自《歌赞奥义书》，由此可以看到历史上人们对于低级种姓充满歧视。

---

[1]〔印〕泰戈尔：《泰戈尔诗选》，冰心等译，人民文学出版社 2002 年版，第 21—22 页。

在印度，还有被排除在种姓之外的群体。达利特人约占印度人口的15%，被排除在四大种姓之外，被视为"肮脏"人，处于社会边缘，在诸多方面遭受歧视，包括婚姻、教育和就业。达利特人一直为争取社会地位不断抗争，由他们引起的种姓冲突时有发生，成为影响印度社会秩序的因素。低种姓的人群在印度社会长期从事清洁和卫生工作，他们的工作环境极其恶劣。

与宗教有着关系密切印度的种姓制度历史悠久。祭师承担祭祀仪式奉献供品，祈求神灵，获取恩宠，人们认为祭师能够彻悟宗教教义，智慧超人、地位崇高，自然他们就成了最高的社会阶级，婆罗门种姓也就应运而生。

在现代印度，种姓制度在淡化，尤其是在现代都市社会和现代企业。这从另一角度说明，现代化产业和经济模式需要新的社会结构与之适应，这也符合马克思主义的基本原理。在印度的农村，情况则另当别论，尤其在那些不流动的农村里，人们对种姓还是记忆犹新的，并深深地嵌入他们的日常生活。

放眼看去，种姓制度和种姓意识并非印度教独有。在印度次大陆各种各样的宗教中，诸如尼泊尔佛教、基督教、伊斯兰教、犹太教和锡克教，或他地区宗教中，也存在种姓为基础的社会等级。当然，它们也面临来自改革主义的挑战。"在印度教里，婆罗门是最重要的宗教专家，但反教权的观念在婆罗门教的思想自身中有深厚的根基。……在 19 世纪和 20 世纪，随着鲜明的世俗主义运动的兴起，婆罗门种姓作为一个整体一直遭受抨击。"[1]1950 年以来，印度颁布许多法律和社会政策保护和改善低等种姓社会群体的经济状况。根据印度最高法院的决定，大学录取配额、工作保护以及其他权利平等措施的种姓差异是基于遗传且不可改变。当然，社会总是在不断进步的，种姓制度也不例外。

> 不过，后来一个印度人告诉我，现在的印度对于种姓制度的遵守，也没有从前那么严格了。也许在你的故乡，由于你的家族世世代代住在这里，周围的人都会知道你是什么种姓。但如果你离开故土，去到了新德里或者孟买，如果你说你是婆罗门，也没有人会去追究——毕竟不会写在脸上，也不会印在身份证上嘛。而且，现在的工作划分也不像以前那么苛刻了，基本上，只要有足够完备的技艺，你想从事什么工作都可以。[2]

美国历史学家墨菲写道：

---

1 〔德〕范笔德：《亚洲的精神性：印度与中国的灵性和世俗》，金泽译，社会科学文献出版社 2016 年版，第 166 页。
2 殷若衿：《印度拾尘记》，上海文化出版社 2015 年版，第 51 页。

实际上种姓的重要性正在降低，甚至在过去它也没有阻止各个种姓群体追求他们的经济利益，而且通过集体行动的力量积极促进着种追求的力度。种姓并未妨碍跨越种姓界限的必要的经济交往，或者，比方说，也没有影响招募工业劳动力，或者对有很多不同种姓或亚种姓成员共同工作甚至使用共同饮食用具的工作场所进行有效管理。[1]

通常，正式社会规范的建立为改变非正式社会规范创造了法律和政策环境，这样，后者的变化就有了空间。现实情况是，种姓这种传统的制度要抵御现代经济力量和经济制度不是那么容易，对于个体的生计来说，经济是一个远远大于传统的动力。除此之外，现代政治、技术进步、城市化进程，以及现代教育的普及，都对种姓制度的弱化产生了不可抵御的影响。随着现代经济发展，劳动力市场发育，雇主关系改善，种姓制度和社会等级制度不是决定人们地位的唯一选择，劳动者的能力，以及雇员能够给雇主带来的收益对于社会结构产生的影响越来越大。

种姓是一种制度，制度作用的发挥依赖于制度环境。一种制度只有在其产生的环境中方能如鱼得水，

1 〔美〕罗兹·墨菲:《亚洲史》，黄磷译，海南出版社、三环出版社2005年版，第650页。

离开这样的制度环境，有可能就会失效，也有可能产生相反的作用。旅居海外的印度人在婚姻选择、交友等方面对于种姓看得不是那么重要，人们更是用"社区"（community）来提升认同意识，居住在同一社区的人们更容易喜结连理。印度人对婚姻很重视。随着改革开放，印度的文化格局不断发生变化，年轻人更多追求物质生活，农村人口流向大城市，精英阶层和知识分子在编织着印度的大国梦，传统的观念在印度正在发生着深刻变化。"我们注意到，最近十年里印度媒体经常使用的一个词叫'达利特'（Dalit）。这个词有'受蹂躏的''被压迫的'等意思，以前经常与'阶级'一词组成复合词，意思是'被压迫阶级'或'被剥削阶级'。现在'达利特'成了名词，专门指社会上最底层和最贫苦的人群，尤其是最低种姓。这个词的频繁使用说明，人们在有意识地淡化种姓观念，而尽量以贫富作为社会分层的标准。"[1]种姓制度的淡化影响了以种姓为基础的内婚制度，不同种姓男女恋爱和婚姻现象开始出现。20世纪下半叶进入世界体系的国家似乎都有这样的经历，市场制度的建立对于社会结构的影响几乎发生在所有试图实现现代化的国家和地区，不同的是，有的国家和地区处理得好一些，有的处理

1　薛可翘：《印度文化论辑》，中国大百科全书出版社2016年版，第6页。

得差一些，有的甚至陷入发展陷阱和中等发达陷阱。等级制度能否在具有悠久历史的文明古国消失涉及诸多因素，也需要长期的历史进化和社会变迁。

二、多代家长式联合的家庭结构

在工业化和城市化进程中，印度城乡差距不断拉大。传统的印度社会中，家庭发挥着很重要的作用，多代家长式联合是印度家庭结构的常态。按照印度社会的习惯，最年长的男性在家庭中具有至高无上的地位，照顾家庭是女性的责任。孩子们对长辈要表现出最大的尊重。这一点与费孝通先生在其《乡土中国》中描述的中国传统乡土社会的情景似乎没有什么太大的区别。中国传统的乡土社会，由于承担众多的社会经济功能，家庭规模不能太小，必须超出亲子的范围。在这个意义上，家庭又是一个事业单位，事业的大小决定了家的大小。为了履行各种经济社会功能，就有了家规、家法。夫妻之间需要相敬如宾，父子之间需要负责和服从。家庭、家族乃至传统的社区构成了人们社会生活的公共领域。进一步分析，印度乡村社会与中国传统的乡土社会中家庭的某些相似性其实是由"乡土"的本性决定的。乡土社会的最大特点是其变化缓慢，一套社会规范可以世世代代使用，这样，长者自然就有教化权。教化权力产生于每个人来到这个社会之前就必须面对一整套他（她）必须接受的社会规范。这些社会规范是他们的长辈已经遵循并且经过世世代代验证的可以维持社会秩序的一整套习惯、习俗等。印度大家庭也主要在乡村社会中存在。

在印度的大都市和中产阶级以上的社会中，家庭结构正在发生着深刻的变化。《勇敢的新宝莱坞：对话当代印度电影导演》一书的作者之一尼马尔·库玛在采访导演阿努沙·里兹维时说，"在德里这样的大城市，只有两三个人的小家庭很普遍"。[1] 由此可以判断，印度的城市和乡村之间在生活方式上是存在很大差别的。分析整个印度社会，区分城乡还是比较稳妥的，人类学有时愿意关注那些更原始的文化和行为，且乡村人口占据大多数。尼马尔还说道，"我在德里已经生活了 21 年了，我见过许多大家庭，无论是这个地区的，还是别的地区的。现在许多人对大家庭生活很陌生，甚至根本不了解，在我的班上，许多学生甚至没有听说过数代同堂这个概念"。[2] 印度城市中的年轻人有着不同于乡村青年的特点。印度处于激烈社会变迁进程中，并不是人们想象的那种静止不变的社会形态。

---

1 〔印〕尼马尔·库玛、〔印〕普丽绨·查图维迪：《勇敢的新宝莱坞：对话当代印度电影导演》，裴和平译，中国传媒大学出版社 2017 年版，第 102—103 页。

2 〔印〕尼马尔·库玛、〔印〕普丽绨·查图维迪：《勇敢的新宝莱坞：对话当代印度电影导演》，裴和平译，中国传媒大学出版社 2017 年版，第 103 页。

从农业社会到城市社会的转变自然改变了原有的社会结构和社会规范。印度没有户籍制度，人口可以自由流动，所以印度的城乡关系没有那么复杂。这是我们研究印度需要走出的路径依赖。记得21世纪初期，我在北京大学志愿服务和社会福利研究中心牵头一个研究亚太地区非营利组织的研究项目，合作者有来自印度的学者，当时正值中国大学扩招后的第一届毕业生要进入社会，就业压力就成为热门话题。我就问印度的朋友，印度大学生毕业以后如果找不到工作该怎么办？他们告诉我：先回乡下帮助父母种地，等城里有了工作再回来。我当时非常吃惊，因为它超出了我的想象力。

印度的大都市也不少，人口规模巨大，且持续扩大。人口的不断聚集必然产生新的生活，大都市生活成本居高不下，必定会对就业、家庭结构和家庭规模产生影响。城市化必将进一步加快印度的社会变迁。

历史上，印度具有联合家庭制度的这一传统。这样的家庭延伸了大家族成员——父母、妻子、子女，某些情况下大家庭还包括亲戚，孩子的配偶以及孩子的后代等，大家一起生活。人们将这家庭形式称为联合大家庭。在这样的家庭组织里，最年长的男性成员往往是联合家庭中的决策者。他的责任是，做出所有重要决定和制定规则，其他家庭成员必须遵守这些决定和规则。有人认为，这样的居住方式和组合方式会提升印度社会的凝聚力，有助于缓解心理压力，形成良好组织范围。

根据有关专家的研究，在 20 世纪的前半个世纪里，印度家庭规模保持了基本的相似性。但从 20 世纪 50 年代之后，随着城市化和经济快速发展，印度的联合家庭发生了裂变，核心家庭越来越多。到 20 世纪 90 年代，印度传统意义上的联合家庭已经占印度家庭的一小部分，当然，在一些地区，联合家庭仍然存在，这既与文化传统有关，也有教育方面的原因，还有其他因素的影响。传统的联合家庭制度在瓦解，对妇女就业产生了重大影响，也在改变人们对职业女性的看法。回顾我们新中国成立的 70 多年的历史，1949 年中华人民共和国成立之初，乡村人口大约占到 90%，是一个典型的乡土社会，到 1978 年也还占到 80% 以上。目前，中国已经有 60% 以上的人口进入城市，尤其是改革开放以来的 40 多年，中国的家庭结构发生巨大变化，核心家庭、空巢家庭、丁克家庭等家庭模式并存，这与城市化、人口流动、经济发展、就业体制改革都有着密切的联系。印度随着其经济社会进步，类似的变化也不可避免。

印度的社区文化比较浓郁，一旦有了家庭，人们在社区中居住下来，邻里之间就会相互走动，节假日更是热闹非凡。社区在印度是一个熟人社会，你住哪里、干什么工作、叫什么，邻里都十分清楚。有时种姓也隐瞒不过去，特别在农村地区，若是一个男人娶了一个低种姓的女人，也瞒不过大家的眼睛，甚至会有一些闲话。圣雄甘地健在的时候就说，虽然种姓制度在法律上被禁止了，但是在社会上依然风行，留存于人们的心间，成为阻碍印度发展的最大力量。所以，法律和法律背后的价值基础是一个铜板的两面，不可分割。当法律与与之相适应的价值一致时，法律顺利实施，反之，实施的效果就会大打折扣。

三、倾向于女性地位较低的传统礼教

由于宗教制度和社会体制等原因，印度妇女的地位比较低下，尤其在 19 世纪之前。19 世纪的改革是印度发展的分水岭。但在现代社会中，妇女遭遇种种不幸的情况依然比比皆是。纵观印度的历史，19 世纪以前的大部分时间里，妇女都是处于十分悲惨的境况之中，童婚、寡居、深闺、一夫多妻制、萨蒂、神妓等就是 19 世纪前的一部分印度妇女悲惨境况的真实写照。

（一）童婚

童婚是指，女童在青春期前或者不到青春期就出嫁，成为人妇的风俗习惯。根据《摩奴法典》规定，在印度，女性结婚年龄须在男性的三分之一左右，也

就是，若男方 30 岁，女方应该在 12 岁左右，且女性的最大结婚年龄被限定在 12 岁。传统时代，女性在 15 岁以前就成为妻子、母亲，或寡妇。"据 1881 年和 1891 年的人口普查数据显示，年龄 9 岁以下的寡妇数量在 1881 年约有 7.9 万名，10—14 岁间的寡妇约有 20.7 万名，15—19 岁间的寡妇约 38.3 万名；而 1891 年的寡妇数量则达到了 2300 万名，占当时印度总人口数的 8%。"[1] 那个时代女性如果到了 12 岁还不结婚，她的整个家庭都会遭受嘲笑，即便是出身于高种姓家庭，也摆脱不了早婚的宿命。在泰戈尔看来，童婚无论如何是不可取的，因为女子的身心都还未成熟，也不能预测其未来的发展的选择，也是家庭不稳定的重要因素。[2]

（二）寡居

寡居是指，通过各种措施迫使丧偶妇女选择独身。在 19 世纪改革之前，丧偶的妇女有两种选择，一种是与死去的丈夫一起焚化，也叫萨蒂。第二种选择寡居。女性选择萨蒂意味着品质高尚、受人尊敬，被视为贞节烈女，死后可以与丈夫一起生活 3500 万年之久。寡居则意味着放弃通往天堂的选择，必须忍受种种非难

1　蒋茂霞：《印度女性问题的历史沿革与现代演进》，中国社会科学出版社 2017 年版，第 22 页。

2　〔印〕泰戈尔：《泰戈尔笔下的印度》，白开元编译，中央编译出版社 2015 年版，第 192 页。

和凌辱。她们通常被视为最不贞洁的人，且极少有人会对她们产生同情之心。若是孩童成为寡妇，那将毁其一生，没有希望。强制性寡居的主要对象是高种姓群体中的女性，因为她们被视为印度教的忠实实践行者，理应遵循宗教圣典和社会习俗的要求。寡妇再婚，通常被视为不保持贞洁和不遵守妇道。在印度，也有寡妇再嫁的，迎娶她们的主要是较低种姓群体的男性或者文化水平不高的男性，这样的婚姻通常必须经过种姓族群同意，否则，男性将处于孤立和遭受羞辱的境地。

传统印度人由于受宗教教义的影响，女性的礼教倾向于保守。由于宗教、传统文化和男权制度，印度女性多被要求必须具备温柔美好品质，具有"平和、宁静"的特质，在家庭中成为慈爱的母亲和温良的妻子，受到各种礼教的约束，保持中规中矩。

（三）深闺

深闺是指，女孩长大后不可随便外出，若是外出，必须戴上面纱在家人的陪同下出门的习惯。大部分时间里，女孩必须待在闺房中。出嫁后，进入夫家，要待在夫家的闺房，做一些女红，因此就失去了获得外界信息和与外界交流的机会和权利。"深闺"也是男子社会地位的象征，在某种程度上，男子的地位取决于他是否有能力把妻子和女儿养在深闺中。

（四）萨蒂

萨蒂是一种在丈夫死后，妻子为夫殉葬的习俗，通常有两种方式：一是在丈夫的葬礼上，妻子自愿或被迫登上火葬丈夫的柴火堆，自焚殉葬；二是在丈夫葬礼不久，妻子带上丈夫的遗物，登上专门为自己准备的柴火自焚殉葬。这个习俗来自印度的神话，在中世纪印度比较流行，据说是为了避免丧夫的寡妇被穆斯林入侵者抢走而采取的一种防御性措施。后来，萨蒂与宗教结合起来：萨蒂可以成就女性的美德，殉葬者可以在萨蒂中获得净化，进入轮回。"有数据显示，1823 年间，上报萨蒂事件共 575 例，其中发生在婆罗门种姓集团的萨蒂事件 234 起，占总数 41%；发生在刹帝利种姓集团的萨蒂事件 35 起，占总数的 6%；发生在吠舍种姓集团的 14 起，占总数的 2%；发生在首陀罗种姓集团的萨蒂事件 292 起，占总数的 51%。"[1]

对于萨蒂，泰戈尔在他的诗篇《丈夫的重获》中描述道：

> 有一天杜尔西达斯在恒河岸边
>
> 荒凉的火葬场里，
>
> 黄昏时候，独自徘徊着沉醉于

---

[1] 蒋茂霞：《印度女性问题的历史沿革与现代演进》，中国社会科学出版社 2017 年版，第 33 页。

自己编制的歌曲。

他忽然抬头看见，在亡人的脚底

端坐着一位萨蒂；

决心要和她的丈夫在同一把

烈火中死去。

女伴们不断地以鼓舞的欢呼赞叹

她征服死亡的胜利，

婆罗门祭司围绕在四周朗诵着歌颂

她的至善品行的诗句。[1]

　　这个故事取自《敬信鬘》。泰戈尔，与其他艺术家一样，从印度的传统文化中提取题材进行文学创作。《敬信鬘》中对于萨蒂的描述和角色塑造栩栩如生。我们也可以看到，泰戈尔本人对于这个制度的蔑视。

　　萨蒂在印度历史发展过程中成为一种社会习惯，古时的印度妇女所受的教育就是一旦丈夫去世，就应把自己烧死，这是作为女人的义务，似乎是天经地义、习以为常的习惯。19世纪20年代，英国殖民者通过相关法律废除萨蒂制度，当时曾遭到大批妇女的激烈反对，她们通过游行示威，表示抗议，认为自焚殉夫是她们自古以来拥有的权利，是神圣不可侵犯的自由。

---

1 〔印〕泰戈尔：《泰戈尔诗选》，冰心等译，人民文学出版社2002年版，第58页。

1987 年，印度政府颁布新的法律，严禁"萨蒂"，当然，如果丧夫妇女仍然愿意自焚，属于个人自由。

（五）女婴虐杀

"虐待女婴""野兽叼食女婴""活埋女婴"是古代印度处置女婴常见的方式。2003 年上映的印度电影《没有女人的国家》（*Matrubhoomi*）就展示了这种恶俗。影片描写了印度很多偏僻村落在出现严重男女比例失调的情况下，5 兄弟共娶 1 个妻子，影片抨击了歧视女婴的社会传统的恐怖：妻子刚在产房里把孩子生了下来，产房外的丈夫听到孩子是女孩的消息，接过孩子就马上把她扔进井里溺死，还喃喃道："明年一定要生个男孩。"

（六）神妓与舞女

传统上，神妓是指以跳舞和演唱为生的群体，主要在印度教寺庙侍奉神，又被称为神的奴隶或仆人。神妓在中世纪社会地位很高。随着时间的流逝，她们不仅要侍奉神，还要取悦普通男性。女性一旦被选择侍奉神，就失去了世俗女性婚姻的权利。成为神妓，必须经过一定的训练。进入近现代以来，神妓已经不单纯与宗教活动相关联，她们开始参与到世俗的活动中，进行表演，也有一些人沦为普通妓女，成为男性的"玩物"。"根据 1881 年马德拉斯人口普查报告显示，在英属印度马德拉斯管区内，神妓人数约为 1.16 万名。"[1]

在印度，神妓之外，还有一个职业舞女群体，她们自小就接受一定职业培训，参与寺庙或婚礼上的表演活动。这类舞女通常是被收养的女子，她们年老后继续收养或收购女孩继承自己的职业。舞女可以自由行走，与男性也可以自由交往，有些舞女实际上是交际花。舞女的经济相对独立，生存状况也不差。

19 世纪后半叶的宗教和社会改革，大大改变了印度妇女的地位。英国人的进入和坚守的"文明使命"，使欧洲文明在印度传播，妇女悲惨的社会状况得以改善。经过激烈交锋，印度社会、知识分子和社会精英重新审视妇女的社会状况，创办女校、建立妇女庇护所、推动立法、为妇女参与社会创造机会，等等，一些旧的观念在改变，陈规陋习被抵制，妇女有了更多的权利和地位。但是，夫权思想依然左右着社会，直到现代，这些习俗依然保留着。

尽管时代在发展，社会在变化，奢侈却仍旧是婚姻中不可缺少的环节。在印度，婚姻不仅是新娘和新

1　蒋茂霞：《印度女性问题的历史沿革与现代演进》，中国社会科学出版社 2017 年版，第 41 页。

郎之间的结合，也是双方家庭之间关系的重新塑造。在婚礼中，音乐和舞蹈是重要的组成部分。当然，不同的种姓、社区、宗教、地区有着不同的婚姻仪式和庆祝方式，旁遮普人在婚礼中采用 Roka 仪式，信德人则用 Berana。在印度婚礼中，常见的是 Hast Milap 仪式，俗称 Paanigrahan Sanskaar。印度穆斯林也有自己的婚礼仪式。

传统印度社会存在着重男轻女的观念，女儿结婚时，父母须准备丰厚的嫁妆，尤其是低收入家庭，因为要为女儿准备嫁妆，女儿被认为是家庭的负担。如果生下女儿时，家人会拍手示意，表示两手空空来到人世。但如生儿子，家人会立刻敲锣庆祝，因为儿子娶老婆可带来丰厚的嫁妆。这种观念在当今的印度社会依然如幽灵一般徘徊在一些家庭中，甚至有的家庭由于缺乏嫁妆而酿成惨剧。据说，每年因嫁妆产生的纠纷，致使数万妇女死亡。印度由女方家庭置办嫁妆的习俗有两个原因：一个是因为妇女的地位低下，还有一个原因是，按照印度的习俗，女子无权继承家庭财产，女孩争取财产的方式是通过嫁妆。在现代社会，索取嫁妆是违法的，但在包办婚姻盛行和保守的农村，嫁妆依然是双方父母见面和商榷的重要议题，现金、小汽车、计算机、冰箱、电视都在讨论的内容当中，为此而债台高筑的家庭确实不少。为了避免嫁妆问题，减少女性婴儿是很多家庭采取的做法。在印度，婴儿性别鉴定属于非法行为，但是一些私人诊所仍然可以为之，一旦鉴定为女性，很多家庭就把孩子打掉了。对于城市的中产阶级家庭来说，妇女的地位相对超脱一些，女子可以接受高等教育。但结婚后，仍有的要按照婆家的要求，成为家庭主妇，更有甚者，有的人必须为家庭生育男孩。2006 年对于印度妇女具有里程碑意义，议会通过了一项法案，赋予遭受家庭暴力侵害的女性更多的权利，包括婚姻财产权利和持续的资金支持等。

当然，在不同的地区和不同的社会阶层，女性的地位是不一样的，芮玛·卡葛缇是印度著名导演，出身于那种典型的中产阶级家庭，父亲是化学工程师，母亲是教师，她说道，"我父母都来自非常保守的家庭。我们家有三个女孩，没有男孩，很小的时候，父母就教导我们要成熟，要工作和独立，我们没得选择"。[1] 现代经济自然产生现代社会结构。她还说道，"现在，越来越多的女性加入了电影业，至少我所在的剧组是这样"。[2]

女性的社会地位取决于经济地位，女性劳动参与率越高，她们的社会地位就会越高。总体说来，印度

---

1 〔印〕尼马尔·库玛、〔印〕普丽绨·查图维迪:《勇敢的新宝莱坞：对话当代印度电影导演》，裴和平译，中国传媒大学出版社 2017 年版，第 52 页。

2 〔印〕尼马尔·库玛、〔印〕普丽绨·查图维迪:《勇敢的新宝莱坞：对话当代印度电影导演》，裴和平译，中国传媒大学出版社 2017 年版，第 58 页。

的女性地位在全世界各国的比较中还是比较低的。根据世界银行的数据，2021 年印度国会中，女性议员占比为 14%。[1]

从经济和政治参与等角度看，印度妇女的社会地位一直得到改善。1949 年，印度制宪会议通过的宪法对男女的权利作了规定，男女权利平等，尤其是通过了《童婚限制法》《童婚限制法修正案》《特别婚姻法》《印度结婚和离婚法》《印度婚姻法》《印度继承法》《印度未成年人与监护法》《印度领养法》《穆斯林婚姻法》《基督教徒婚姻法》《拜火教结婚与离婚法》等一系列法律，对"一夫多妻""童婚""重婚"等不良习俗及陋习进行了改革，实行约束，在一定程度上改变了妇女的"依附性"和"屈从性"，使女性权利得到极大保障和改善，印度妇女的社会地位随着社会进步不断提高。近现代以来，印度出现了越来越多的女性政府官员，典型的代表是英迪拉·甘地。阿努沙·里兹维也说，"当我们还是孩子的时候，就被家人灌输了女孩子要有职业、要独立等观念。此外，我母亲和她的姐妹都是职业妇女，是经济独立的女性"。[2] 在印度一些地区，

1　The World Bank, https://data.worldbank.org/country/india?view=chart.

2　〔印〕尼马尔·库玛、〔印〕普丽绨·查图维迪：《勇敢的新宝莱坞：对话当代印度电影导演》，裴和平译，中国传媒大学出版社 2017 年版，第 103—104 页。

女性的社会地位还是取决于她们的经济地位。这里主要是指城市中的职业家庭及其教育子女的方式，随着城市人口增加和各类职业群体扩大，人们的思想观念正在和即将发生深刻变化。然而，即便如此，印度社会对女性的权益的保障似乎仍有很大的改进空间。

　　尽管随着经济社会发展，"两情相悦"的恋爱婚姻在印度增多，尤其是在大城市，但是，大部分的印度婚姻还是由父母包办的。通常的办法是，父母在自己生活的小圈子里为子女物色对象，实在不行，就通过媒介，诸如媒人、报纸、互联网等，男女双方的星座要先经过占卜之后，双方家庭才见面。结婚后，女方要随丈夫居住。与许多东方国家和地区一样，婆媳关系是非常重要的家庭关系。在印度，婆媳关系紧张是常有的事情，这在很多印度电影都反映出来了。尽管离婚和再婚已成为平常事，但社会上对此还是心存偏见，尽管法律接受人们的离婚，只是社会对此不抱好感，社会舆论环境也并不好。"印度人很传统，一旦离婚，就会受到歧视，再结婚几乎不可能，特别是女人，所以印度离婚率很低。即使凑合着过，也会坚持走到人生的尽头。"[1]

　　由家庭安排子女的婚姻是印度长期以来的社会习

1　郭菲：《我在印度的701天》，上海文化出版社2018年版，第131—132页。

惯。在今天，大多数印度年轻人的婚姻也仍由他们的父母和其他受人尊敬的家庭成员共同谋划。历史上，印度人的结婚年龄很小，根据 2011 年人口普查的数据，印度妇女结婚的平均年龄已经达到 21 岁。2009 年，还有大约 7% 的女性在 18 岁之前就结婚了。

一般来说，印度的离婚率比较低。但是，与全球趋势一样，印度的离婚率在上升。总体来看，印度的包办婚姻比率在减少，年轻人自由恋爱成为新的趋势。随着经济社会发展，现实中男女自由恋爱现象越来越普遍，人们越来越重视以爱情为基础的婚姻，过去人们只是认为这是电影中的浪漫故事。印度的婚姻习俗也在发生深刻变化。但是新旧体制、思想、观念的冲突时有发生。

（七）婚礼

在印度，婚礼是重要的社会仪式，通常举行婚礼的场所被装饰，色彩鲜艳，伴有音乐、舞蹈。婚礼对服装也有一定的要求，还有一定的仪式，当然，这一切取决于新娘和新郎的宗教信仰和他们个人的偏好。据统计，印度每年举行的婚礼有 80% 以上的是印度教婚礼。婚礼是成年印度教徒一生中非常重要的仪式。信仰印度教的家庭会投入大量的精力、财力、人力、物力来准备婚礼活动。当然，不同地区的印度教徒的婚礼仪式是不一样的，也有一些共同的仪式，包括父亲送走女儿，在燃烧的火焰边握手以示即将结束，还包括一系列的誓言，等等。锡克教教徒的结婚仪式另有别样。穆斯林家庭举行婚礼类似中东地区的习俗。印度基督教婚礼基本遵循西方基督教国家的习俗。还有其他邦的婚俗，都各有特点。

印度文化中的社会习惯始于久远的宗教传统和历史，不平等为其典型特征，体现为种姓制度、大家庭制度以及婚姻制度等方面。"当社会不是个体的机械汇聚，而是一群共享着诸如政府、语言、宗教或历史记忆等特征的民众时，谈论不平等就更为自然不过。"[1]这种情形更适合印度。

四、促使社会纵向流动的教育

（一）颇受重视的教育

印度承袭英国教育体制。国家实行免费教育，所有适龄儿童必须入学接受教育，无需支付教育费用。国家采取措施鼓励和支持外来移民和少数民族进入普通学校接受教育，尽快融入主流社会。在美国和印度有"考不上印度理工，才到麻省理工来的"的比喻来说明印度理工学院的强势地位。印度理工学院在世界

---

[1] 〔塞尔〕布兰科·米兰诺维奇：《全球不平等逸史》，李楠译，中信出版社2019年版，"序言"，第 IX 页。

学术界享有盛誉，是该国顶尖工程教育和科研机构和国家重点学校，该校大量毕业生在美国硅谷工作。

由于阶级分化明显，尤其是种姓制度等造成的社会结构固化，教育成为脱离社会底层迈向社会上层的敲门砖。因此，在印度，人们甚至认为要想改变命运，只能靠教育。《印度宪法》规定免费义务教育是 6 岁至 14 岁儿童的基本权利。就小学和中学而言，印度有一个庞大的私立教育系统，成为公共教育的补充，大约有 29% 的 6 岁至 14 岁年龄组学生在私立学校接受教育。在印度，尽管是私立学校，但它们在教学方面必须接受严格监管。从各国经验看，主办教育的主体尽管非常重要，但是教育监管机构同样重要，严格的监管带来专业化、职业化、高水平、高质量。专业化和职业化也是现代产业和现代政府建设的基础和方向。

印度女性识字率大大低于男性。从入学开始，女性的人数就大大少于男性，而且不少女性中间就辍学了。保守的文化态度和文化心理阻碍一些女孩上学。近年来，印度政府启动了女性扫盲计划（Saakshar Bharat），旨在降低女性文盲水平。19 世纪的宗教改革运动中，印度建立了大量新式学校，广大中下层民众获得了上学的机会。从 1947 年至今，印度政府一直试图通过提供免费午餐、免费书籍和免费制服鼓励女孩接受教育。这些激励机制大大提高了 1951 年至 1981

年这一时段的小学入学率。1986 年，国家制定教育政策，强调教育是民主的必要条件和改善妇女状况的关键。新政策通过修改学校课程、增加学校资金、扩大学校数量推动社会变革，尤其是建设女童职业中心，发展小学、中等和高等教育，以及兴办农村和城市教育机构。国家还往农村派送女性导师开展扫盲工作。尽管按照规定，印度女性的最低结婚年龄是 18 岁，但由于习俗，许多女孩结婚时间早，在中学阶段，女性辍学率比较高。由于女性获得了职业教育，她们在经济领域中与男子的收入相同，甚至更高。不过，在印度，不同地区的女性识字率有巨大差异。印度高等教育中存在性别不平衡，女性占理科学生的 30% 的和工科学生的 7%。在政府的推动下，"小学和初中阶段男女生比例趋于平等。但在高中阶段，女生比率仍然较低。印度政府正在实施一些项目，帮助更多的女生接受高中教育"。[1]

印度政府对下一代的教育非常重视，不分城乡，小学生上学都穿统一服装，男女分校。农村地区的贫困孩子可以上免费小学。在印度，教师是非常受尊重的职业，工作比较稳定。关于印度的教育理念，克里希那穆提写道："老师如果将每一个学生都当做独立的个体看待，不拿学生彼此比来比去，他就不再关心制

1 戴超武主编：《印度国情报告：2019》，社会科学文献出版社 2020 年版，第 121 页。

度或方法。他只关心怎样才能够'帮助'学生了解自己内外制约的影响。"[1]

这些年来，印度经济越来越多的中产家庭，甚至农民家庭送子女出国留学，这包括报考加拿大和澳大利亚的短期课程，主要原因，一是印度的中产阶级和高收入群体有能力送子女出国留学，也有家庭为了子女的前途，不惜贷款，或寻求其他办法筹款；二是印度就业难度越来越大；三是发达国家放宽移民政策吸引外来留学生，很多印度留学生在国外就读毕业后，首选留在海外工作，定居国外，这些留学生选择的国家包括美国、澳大利亚、加拿大、英国、新西兰、爱尔兰等。2020 年后，印度学生出国留学人数成倍增长，这在另一方面，也造成了印度人才的流失。

（二）乡村的口头朗读

印度的乡村文盲率比较高。在印度乡村，有把印刷文本转化为口头话语的习惯。人们大声朗读报纸、书的内容，同时也可以做点评，让那些不识字的人也能够有机会理解报纸和书上的信息和知识。即便是在先进的文化社区，数学、书写需要文字，解读还是口语化的。那些有技术、有读写能力的人，也喜欢口语

---

1 〔印〕克里希那穆提：《谋生之道》，廖世德译，九州出版社 2010 年版，第 45 页。

解读，这似乎是印度广大乡村地区居民喜欢朗读的原因之一。通过朗读，报纸和书的内容也能够口头流传，同时，在这个过程中产生信任感。社会人类学家费孝通在解释中国乡土社会不需要文字的理由时，认为乡土社会是熟人社会，人们可以通过口语来表达自己的思想、意愿。乡土社会的经验和知识口口相传，世代传承，个体从长辈那里接受生产生活的经验和教训，寻找到解决各种问题的办法。在这样的环境里，知识的传播工具依靠口头语言足矣。2020 年，印度乡村人口占总人口的 65.1%，2019 年，印度人口大、中、小学生入学率分别为 28.6%、73.8%、96.8%，女性的识字率低于中国。当然，入学率和识字率是一回事，社会特征是另外一回事。口头流传是需要人际交往和面对面交流的，这从另一个角度说明印度社会的社会互动比较强，社会网络密切，尤其是农村社会。即便是农村，在新世纪，尤其是在 20 世纪的下半叶，迅速发生变化，现代化猛烈冲击着乡村世界，传统和现代化已经能够携手并进。对于印度人来说，口头朗读既是一种习惯，在现代化进程中，还会养成新的习惯。

总体来看，印度要实现崛起的目标，必须解决好教育，尤其是妇女教育和乡村教育问题，"印度自己的发展事务专家已看到，他们的国家在妇女问题上处于困境。……全国人口近半数是文盲，这是走向发达国家的途中非解决不可的问题。不会读和写的妇女几乎占妇女总数的2/3。……在印度北部，问题最尖锐。据联合国儿童基金会《1999年世界儿童状况》报告，在贫穷的比哈尔邦，许多村庄竟然没有一个妇女不是文盲"。[1]

五、源自宗教传统的素食主义习惯

印度人的生活习惯主要包括印度人的衣食住行用等习惯。印度人对自己的饮食文化非常欣赏，无论何时何地，在外的印度人都不遗余力地寻找着印度饮食，就像中国人到了国外到处寻找中餐馆一样。

印度当代饮食丰富多彩，各地差异很大，基本上是地方特色饮食与风靡世界的食品，诸如麦当劳、肯德基的快餐和意大利披萨等的混合。这点上，与全球其他国家似没有什么不同，这是全球化带来的必然结果。

阿育吠陀作为一种古老的养生和保健的科学，对印度的饮食习惯产生了巨大影响。素食是最具印度特色和历史厚重感的饮食。素食主义传统在历史上与宗教和种姓有关，但在现代，从人们的意识上看，似乎

---

1 〔美〕塞缪尔·亨廷顿、〔美〕劳伦斯·哈里森主编：《文化的重要作用：价值观如何影响人类进步》，程克雄译，新华出版社2010年版，第237页。

关系已经不大,很多印度人坚持素食主义是因为习惯。历史延续下来的东西,无问东西。即便是在历史上,信奉印度教的军人也是要食一些肉的,因为军人需要一定的体力。很多印度教徒是素食主义者。羊肉和鸡肉在非素食主义者的主菜中很普遍,有时还有海鲜,如虾。不同的宗教传统会形成不同的习惯。耆那教教徒不食根茎食物,只食用生长在土壤表面以上的食物。印度的锡克教徒、基督教徒和拜火教教徒基本没有或者完全没有饮食方面的禁忌。绝大多数印度人都是印度教教徒,基于印度教的要求,牛肉和猪肉是不能被食用的。

印度人之所以不食牛肉,是因为他们认为牛会给人类带来福祉,所以,对牛必须崇拜。印度教教徒不杀牛。在印度教中,母牛被视为非暴力、母亲、女神、幸运和财富的象征。基于这样的文化,奶牛在印度文化中受到极高的崇敬,喂养奶牛也被视为一种崇拜行为。这是为什么牛肉依然是主流印度教和耆那教族群的禁忌食物。在印度,人们可以看到,牛在各处行走,寻找食物,自然死亡。2018 年夏天一则媒体消息说,8 个印度男子对一只 7 岁且怀孕了的母羊进行性侵,致使母羊死亡,在全国引起巨大反响,有人义愤填膺,甚至有人建议对这 8 个性侵者判处死刑。这也源于印度教中的不杀生的教义,不杀生又源自灵魂不灭和轮回转世的思维方式。在印度人看来，人类的身体只是灵魂暂时居住的地方，人的灵魂是不灭的，今生是人，来生转世就是动物，前生也可能是动物，因此，人与动物在灵魂上平等的。生命是平等的，这也是印度人不杀生、不虐待动物、坚持素食主义和与动物和谐共处的原因之一。当然，对宰牛和吃牛肉，印度各邦政府的法律并不一样，有的邦允许宰牛和吃牛肉，有的邦则不允许，有的邦宰牛必须持有"屠宰许可"，所以还是要分开来看。

随着经济发展和社会进步，如何对待奶牛成为印度社会中有争议的话题之一，观点各异。一些社会团体反对宰牛，甚至把宰牛视为一种严重犯罪，禁止杀害奶牛以及购买、销售和运输牛肉；也有社会团体认为是否应该食用牛制品是个人的消费偏好和民主自由的选择问题，应当尊重人们的选择。有一些印度教教徒食用牛肉，他们认为印度教经文并没有禁止消费牛制品的要求。印度南部地区的一些邦，牛肉消费数量巨大，甚至占到肉制品消费总额的 50%。1947 年独立后，有些地区牛肉的消费数量远远超过其他肉类的消费。所以，牛在印度的社会地位和人们对牛肉的消费习惯也是随着社会发展在不断变化，并且在这个国家中因地区而异。

在印度，吃肉和吃什么肉，不仅是一个习惯问题，有时也会成为政治问题。2017 年 10 月，印度航空公司因在飞机杂志上刊登了神庙中供应非素食食物的内容，被要求公开道歉；马哈施特拉邦、中央邦和北方邦的若干地方政府在公共机构中和宗教节日期间强制推行禁止肉食政策。2018年初，哈里亚纳邦的一个教右翼组织的团体强行关停了当地500家肉店，声称在节日期间售卖肉类"伤害了印度教徒的感情"。印度的教徒大都是素食者，30%的印度人只饮牛奶，不摄取其他动物蛋白，包括鸡蛋。

由于饮食习惯等原因，印度成了动物的天堂。动物也给城市带来卫生问题。近年来，印度总理莫迪倡导"清洁印度运动"，旨在改变人们的卫生习惯。印多尔为了争取印度第一卫生城市，采取了各种行动，其中包括编写了多首歌曲，其中有一首叫做《搞卫生就是习惯，搞卫生就像过节》。城市的垃圾清运车的广播不断循环播放这首歌，市政府办公室和市议员的手机铃声也采用这首歌曲。与种姓制度和种姓地位等旧习惯一样，印度的卫生习惯也随着经济社会发展不断得到改善，形成新的卫生习惯。当然只有政府倡导与个人自觉相结合，卫生才能最终成为人们的内心约束，成为一种自觉的行为习惯，通常这需要时间和过程。

印度的素食主义传统源远流长，长期保持，当然，素食传统在不同种姓、地区之间还是有差异的。圣雄甘地的"素食主义来自根深蒂固的印度教与耆那教的传统，但是却被普及为一般的道德实践，并且与肉体和精神之关系的诸理论相结合，这些理论在19世纪后半叶的英国十分流行"。[1]甘地尝试各种食品搭配，特别是生食，换句话说，就是那些维持生命必需的基本食物。每次上配餐，他都精心观察，做好记录，就像在实验室做实验一样。由于营养匮乏，他的牙齿遭到永久性破坏，因为他吃了太多酸性水果，即便是后来被尊崇为圣雄时，甘地依旧倡导素食。他在给《纳塔尔信使报》编辑的一封信中说道，"身强力壮的素食者指出，世上的农夫几乎都是素食者；并且动物之中，最强壮、最有用的马，也是素食者，而最凶残、一无是处的狮子却是肉食动物。这就说明，素食具有优越性"。[2]从这句话和他的经历似乎让人感到，在素食主义的选择上，甘地还是有一些偏执的，甚至过激的。就甘地的信念和追求而言，道德准则为他提供了行为的方向，而宗教信仰则是他的力量源泉。这也反映印度社会的多元性特征。

在印度的饭店里，素食和非素食是分开来的菜单，除了大部分人是素食主义者外，印度还有一些半素食主义者。素食主义习惯影响广泛，美国华盛顿大学历史系教授、布鲁金斯学会研究员玛格丽特·奥玛拉在

---

1 〔德〕范笔德：《亚洲的精神性：印度与中国的灵性和世俗》，金泽译，社会科学文献出版社2016年版，第53页。

2 〔印〕克里希那·克里帕拉尼：《甘地传》，张罗、陆赞译，四川人民出版社2017年版，第71页。

她写的《硅谷密码：科技创新如何重塑美国》一书中讲到，乔布斯在大学曾经退学到印度，在那里养成了不同寻常的饮食卫生习惯——素食主义习惯。[1]

六、香料主导下的饮食风格

（一）香料

香料作为日常需求很高的调味品组成饮食文化的一部分，香料的使用及其搭配背后就是文化。许多香料源自不同的地理环境，香料贸易在历史上曾影响经济、政治，甚至文化，也曾引起战争。印度的每一个州都像是一个国家，都有自己独特的风格和自己的独特美食。但在全球化环境下，印度菜又很有国际化色彩，丰富多样。

黑胡椒是印度盛产的一种高品质香料，也是绝大多数是印度香辣食品不可或缺的调味品。大部分印度咖喱的调制少不了姜黄。乳制品在印度是一种纯净食品，人们认为，食用它可以清洁身体、净化思想和灵魂。大多数菜肴都通过咖喱汁和米饭混合而成，配有肉类和蔬菜，日常膳食的菜单主要是不含肉的饮食。大米是印度的主食，印度人喜欢热米

---

1 〔美〕玛格丽特·奥玛拉：《硅谷密码：科技创新如何重塑美国》，谢旎劼译，中信出版社2022年版，第152—157页。

饭搭配上一种"湿乎乎"咖喱食用。

以印度为主体的南亚地区，是世界上的主要香料产地。历史上的殖民者们曾经为了争夺香料大打出手，甚至不惜发动战争，香料曾深刻影响了近代历史的发展。各种各样的香料遍布印度。咖喱作为一种食品，是印度人的发明，但把咖喱作为一种文化向世界传播的则是英国人。英国人通过贸易等方式使咖喱传播到世界各地，使之成为人们普遍喜欢的一种食品和调料。

就整个印度来说，咖喱还是最著名的食物，咖喱分为蔬菜咖喱、扁豆咖喱、鸡肉咖喱，这类咖喱食品多出现在穆斯林和南方沿海餐厅。此外，还有羊肉咖喱和鱼咖喱，这类咖喱通常要配上米饭或其他主食。"咖喱"体现了"香料当家"的印度饮食习惯——吃饭离不开咖喱。在印度，无论是大餐，还是小吃，都离不开香料。每种咖喱，少则几种，多则几十种香料搭配组成，形成千变万化的味道，既神秘，又独具特色。

（二）具有多样性的食物

和印度的文化一样，印度的食物也呈现多样性，印度人制作美食使用多种食材，采用各种各样的方式烹饪，烹饪技术和烹饪表现花样不断。沙拉和酱汁、素食和肉类、面包和甜点，以及香料的使用，使印度菜异常复杂，五彩缤纷。印度人喜爱牛奶，用牛奶做出的食物充分体现了印度人在饮食上的创造力。历史上，印度人就用牛奶制作精美的甜点，他们对选料尤其讲究，甚至从饲养环节就开始考虑了。

但要看到，过去50年间，印度人的饮食习惯发生了深刻变化，鸡蛋、奶制品等在印度人食品中的比例增加了，与此同时，印度人的寿命也大大延长了，这是经济发展和食物结构改善的结果。当然，这个时期，印度人的收入、个人喜好、文化也都发生了深刻变化，这些都对他们的饮食习惯产生了影响。尤其随着城市进程加速，大量年轻人进入城市，开始都市生活，以及受到西方文化的影响，印度年轻一代获得方便食品的机会更多，诸如泡菜、披萨饼、汉堡、薯条等开始进入印度人的视野，这大大提升了印度人的脂肪和糖分摄入量。与几十年前比较，印度人在食物上有着更多的选择，只是这些选择不见得都是最健康的选择。

尽管存在如此多样性，但饮食统一的迹象开始出现，在印度各地，东亚和欧洲的菜肴陆续出现，并不断与当地菜肴融合。香料的多种用途开始成为某些食品制剂的组成部分，用来提升菜肴的味道。印度各地的吃饭方式各有差异，有的地方米饭和菜同吃，有的地方则选用扁平的面包（罗迪面包）搭配。大部分印度教徒是不是食用牛肉的。在印度，人们一般用叫做"塔利"的托盘或盘子盛放食物。

印度各地美食的差异是因为受历史上进入印度的各种文化族群的影响，如中亚人、阿拉伯人、莫卧儿王朝和欧洲殖民者，等等。

回顾历史，印度的香料和草药是最受关注的几种贸易商品类型。印度和欧洲之间的香料贸易推动了阿拉伯商业活动的发展和阿拉伯商人集团的崛起。

（三）家庭聚会不可或缺的美食

家庭是印度社会文化价值观的核心。当印度家庭成员聚集在一起时，准备一顿美味大餐自然必不可少。若是作为客人，也不必客气，积极参与聚餐是非常受欢迎的。通常，聚餐时，人们围坐在桌子周围或放松地坐在地垫上，在大香蕉叶上吃酸酱和咖喱。按照传统，女性家庭成员为大家烹调大部分的食物。

在印度的饮食文化中，主餐有三种，即早餐、午餐和晚餐，用餐时间与西方国家基本相同。大部分印度人在用早餐、午餐和晚餐之外，偶尔也会食用一些健康的零食。晚餐是一天中最主要的一餐，其次是午餐。晚餐时，人们会饮用一些绿茶，不过绿茶在印度的消费数量并不大。印度人出生时的预期寿命，2020年为69.9岁，低于同年世界的平均水平的72.7岁，也低于中国的平均74.4岁。2019年，印度的平均医疗支出为63.7美元，低于世界平均水平的1122.0美元，也低于中国的535.1美元。[1]

---

1 国家统计局：《2022年国际统计年鉴》，中国统计出版社2023年版，第97页、第339页。

通常，印度人早上起床先沐浴，然后吃早餐，大约在8点。他们11点左右用茶点，下午茶一般在6点至7点，晚上9点吃晚餐，之后就寝，这不是一种健康的习惯，所以印度人得肥胖症的人比较多。即便是在工作中，下午茶有时也少不了，必须喝，而且要加上奶、糖之类的。在印度，茶不仅是新的一天开始，也是生活节奏的一部分。流行的喝茶方式是将茶放在小碟之上的杯子中，随后，饮者将热茶倒入小碟中，咕噜咕噜喝下去，这样可以节省等待冷却的时间。人们认为，为什么要浪费时间盯着茶杯，等待茶的冷却呢？

（四）用手进餐

在印度文化传统中，进食通常是不用餐具的。在他们看来，饮食应当是一种完美的感官体验。所以，传统印度文化传统中，人们习惯用手抓起食物享用。例如，食用咖喱、大米和面包时，用面包舀起咖喱酱和米饭，然后将它们一起浸入汤中，比如用小扁豆烹调的汤。因为用手抓饭，所以印度人饭前饭后都会仔仔细细地洗手。

手抓饭的习惯在印度正在发生变变化，"虽然传统的印度料理是手抓饭不错，但是时至今日，相当一部分人还是会使用勺子，或者手勺并用。用手把恰巴提撕下来，裹点米饭、蘸点酱，直接喂到嘴里，再用勺子单独舀菜。习惯以后，也就不觉得偶尔用手吃飞饼是个陋习了"。[1] 不过，印度人一边吃饭一边用嘴吮吸手指，这点倒与一些西方人的进餐习惯有一点相似。

印度有左右手明确分工的社会习俗。在印度的餐馆可以不用餐具而自己动手吃饭，但就餐者必须确保用右手用餐，而不是用左手，因为左手被认为是"不洁净的"。在印度，大部分食物用手指或面包作为器皿食用，左右手的使用有明确分工。通常，右手拿干净的东西，处理较高尚体面的事情，左手处理一些通常被认为是不洁的事情。在买卖过程中，付款也需要右手，对方找零也只能用右手，绝不能用左手。根据《印度国情报告：2019》，在印度"大约5%的疾病是不安全的饮用水、卫生设备和不洗手习惯造成的"。[2] 这种习惯源于古代的生产力不发达、生活环境恶劣、资源匮乏等历史原因，无论吃饭还是"如厕"，都需要用手，久而久之，就形成了这样的习惯。吃饭的时候，会先盛上米饭，再把饭上浇上菜和汤，用手搅拌，捏成饭团，抓起来放进嘴里。印度人用手吃饭的方法很多，可以用饼卷起来吃，也可以蘸着汤吃。随着社会的发展和进步，印度人在公共场合也开始用刀叉吃饭，只有在家里吃饭时才用手。

---

1 郭菲：《我在印度的701天》，上海文艺出版社2018年版，第67页。
2 戴超武主编：《印度国情报告：2019》，社会科学文献出版社2020年版，第122页。

印度有句老话："用手吃食物不仅能喂饱身体，还能满足心理，滋养精神。"大部分访问印度的游客会对这种典型的印度习惯吃惊。然而，当游客自己尝试这种方式时，他们也感到用手进餐可以使盘子更清洁，也更有胃口。人们在日常生活中也常常用手撕面包，确实另有别样的感觉。这种用手吃饭的习惯似乎在各个民族中都能找到，或许是人类的天性使然。

或者在聚会，或者在聚餐中，共享食物，在印度是一种习惯，但不可与他人共用餐具。餐后可以赞美食物或者在吃饭过程中表现出对事物的欣赏态度，但不可在餐后说"谢谢"。印度各个阶层之间不共同饮食的习惯源于社会种姓制度。

（五）在室外做饭

在印度，由于气温太高，炎热难耐，很多家庭在室外做饭。在这个国家，每年都有人会因为天气炎热死去。除此之外，还有一个原因使家庭在室外做饭，印度人喜欢吃咖喱，地道的咖喱由小茴香子、丁香、辣椒、芥末子和黄姜粉等香料制成，正宗的咖喱非常辣，味道也很重，如果室内通风条件不好，容易造成中毒。还有，那些低收入群体，尤其是农村地区的人们，不少家庭用木材做饭，产生大量烟尘。种种原因造成他们不在室内做饭。这是社会发展一定阶段的烹饪方式，会局限于一定的社会基层和社会群体，是一定发展阶段和特定群体的生活习惯。不过，住在城市的一些印度家庭也有使用现代厨房的。

七、绚丽多彩的服饰

服饰是印度民族信仰、审美观的具体体现。尽管印度不同地区的传统服饰的颜色和风格各不相同，但普遍受欢迎的服饰风格包括披肩式服装。当然，印度的服装也因地而异，传统的民族服装是纱丽，闻名于世，据说最初是由英国人带来的。一些农村地区又有自己各自的服饰。印度女性服饰呈多样化，印度男性服装比较单一。

与饮食一样，受当地文化、地理、气候和农村或城市环境的影响非常明显，印度传统服装在各地有很大差异。流行款式的连衣裙包括披肩服装，如女士的纱丽和 Mekhela Sador，以及男士的 Dhoti、Lungi 或 Panche（卡纳达语）。缝制的衣服也很受欢迎，例如女性的 Churidar 或 Salwar kameez，肩膀上的 Dupatta（长围巾）用作装扮。Salwar 通常是宽松的，而 Churidar 则更紧密。在旁遮普邦，锡克什所着头饰是 Dastar。

在印度，女性们几乎都穿着五颜六色的纱丽，其实纱丽就是一块长布，卷成下半身筒裙，再搭在肩上。这类纱丽没有特别的花纹要求，尺寸也就不那么严格。

已婚妇女若是出门走亲戚，还需要戴上黑色或金色珠子串成的项链。大部分印度妇女如果不穿纱丽，也要穿长裤或长裙。若是穿长裤，要在穿长裤和长衫的同时，在肩膀上围上一条纱巾，炎热的夏天，这对于女性不能不说是一个挑战。但在天主教或基督教徒居住的区域，穿短裤和短裙的女性也不少见。对印度女性来说，耳环、手镯和其他首饰是常见的装饰品。在婚礼和节日等特殊场合，女性可以穿戴金、银或其他贵金属和宝石制成的各种装饰品，颜色鲜艳。在当代，所有颜色和闪光都成为女性时尚的一部分。当然，化妆和服装风格在不同的印度群体之间、不同季节、不同宗教信仰之间还是存在差异的。在城市和接近城市的区域，男女都可以穿牛仔裤、衬衫、西装，以及其他各种时尚服饰。

宝石作为护身符佩戴也较为常见，受到妇女的喜爱和欢迎。中产阶层或者以上阶层的女子结婚时通常会珠光宝气。婚礼是社会地位的象征，也是一生中最重大的仪式。印度的钻石多来自非洲，非洲钻石的90%通过印度切割进入欧洲市场，印度在钻石切割技术方面有着悠久的历史，工艺也比较成熟。

有些地区和有信仰的男性通常有包头巾的习俗。锡克人从小到大都必须蓄发、留胡须，且包着头巾。锡克人头巾色彩繁多，有的甚至与衣服颜色搭配。印度男性多半穿着一件宽松的立领长衫，搭配窄脚的长裤。拉贾斯坦地区男性，裤子是用一条白色布块裹成的，头上戴着布巾，花样变化极多，色泽鲜明。

八、各民族的宗教节假日

（一）与宗教密切相关的节日

印度的绝大多数节日都与宗教有关。节假日是调动公众参与公共生活的重要习俗和制度安排。可以想象，节日中的壮观情景：各地的庞大人群甚至是全国人群，或者是信仰某一宗教的人群参与各种活动和仪式，大家有着十分相似的感受，印度人用这样的方式来构建自己的公共生活和精神世界。

1."普迦仪式"

"普迦仪式"是印度为小孩庆生举行的一种活动。在印度，庆祝小孩出生与为其一生平安祈福，通常是到寺庙举行"普迦仪式"，唱颂祈祷文，举行餐宴。小孩出生后，父母会找人为他们占卜，小孩的名字多半取自英雄或神祇。小孩的生辰八字尤其受到重视，因为这被认为是决定其未来婚姻对象的大事。

2.印度教的节日

"杜尔迦节"（Durga Puja）是孟加拉人最大的节日，每年大约在9—10月间举行。

洒红节，音译"霍利节"（Holi），每年2月底3月初举行。"洒红节"是印度的四大民俗节日之一，深受印度百姓的喜爱，也是全国性的节日，上至国家元首，下至社会底层群体都欢度这个节日。"洒红节"通常是在每年印度历12月满月之日，印度政府将其定位为国家的法定节日，这时，政府机关也放假。"勒斯古拉"作为一种甜食，是"洒红节"期间家家都要吃的食物。在现代，传统食品的象征意义大于其食用意义。如果到印度旅行遇到洒红节，必须特别小心，当地人会把行人涂成五颜六色。不过，在历史上，排灯节更是富人过的节日，洒红节是穷人的节日。当然这种状况也在改变，越来越多的富人也加入了洒红节的行列，说明印度社会在不断进步。

排灯节（Diwali），音译"迪瓦利节"，是印度教最隆重的节日，在每年的10月至11月间举行，一般情况下，全国庆祝5天至半个月。"由于民众在传统节日排灯节期间大量燃放烟花爆竹，印度首都新德里整体空气质量指数跃升至574，属于'严重＋紧急'级别，当日空气质量被评为全国最差。"[1]洒红节和排灯节都是印度的重大节日。

娑罗室伐底节（Saras wati Festival），也有人译成"萨拉斯瓦蒂节"，意思为"知识女神节"，每年的1月

1　戴超武主编：《印度国情报告：2019》，社会科学文献出版社2020年版，第211页。

至2月举行。扎格纳乘车节，每年的6月至7月间举行，在沐浴后的第15天举行。

丰收节（Pongal）是信奉印度教的教徒们的重要节日。南印度的农民会在每年1月中旬，也即泰米尔历中的"泰月"（第10个月）庆祝丰收，同时向大自然表达感恩之情，节期为四天。

十胜节（Dasain）源自印度史诗《罗摩衍那》，拥有数千年历史，节日主要是庆祝印度教中的英雄罗摩大战十首魔王罗波那，持续十日，最终获胜，所以叫做"十胜节"。该节日通常在公历的9、10月份，一连庆祝10天。主要活动包括游行、集市、狂欢，以及各种娱乐活动，包括杂耍、雕塑展出和音乐演出等。也有印度教教徒去恒河沐浴，被称之为"圣浴"。印度"11月有十胜节和排灯节——根据《罗摩衍那》的记载，罗摩王子和他忠诚的仆人猴神哈努曼联手，为解救罗摩的妻子悉多与恶魔王罗波那进行了战斗，排灯节就是为了纪念那场战争。在斋戒、宗教仪式和法会开始之前，要先打点好送礼这个重要的环节"。[1]

3. 伊斯兰教的节日

开斋节（'Id al-Fitr），是伊斯兰教两大重要节日之一，通常在公历的2月份左右举行。根据穆罕默德"见

---

[1] 〔澳〕萨拉·麦克唐纳：《彻悟：印度朝圣之旅》，向丽娟译，商务印书馆2021年版，第315页。

新月封斋，见新月开斋"的训谕，每年的斋月开始于伊斯兰教历的9月初新月，结束于伊斯兰教历的10月初见到新月时，主要礼仪包括：穆斯林教徒于该日晨礼后速进少许饮食，以示戒满，向真主感恩之意；交纳开斋捐，或扶助贫困，或交予清真寺；聚集在当地最大清真寺内举行规模盛大的会礼仪式，礼毕互相握手、颂赞圣词、互致问候，等等。

古尔邦节（Eid al-Adha），是伊斯兰教两大节日之一，意译"宰牲节"。通常在公历的4月左右举行。

4. 锡克教的节日

那纳克诞辰节（Nanak Jayan），即印度教日历的8月（Kartik）满月的那一天，对应公历在10月到11月之间，是锡克教徒最大的节日。那纳克（Guru Nanak，1469—1539）为锡克教创始人，1469年4月15日（也有说是印历8月）诞生。每年各地信徒都要隆重纪念他的诞辰。

5. 耆那教的节日

摩诃毗罗节（Maha Shivaratri），为纪念耆那教创始人筏驮摩那（即大雄）的节日，每逢十五年的3月举行一度的耆那教重大祭典。

6. 其他节日

印度还有很多基督教徒，与世界各国的基督教徒一样，印度基督教徒每年过复活节、圣诞节。印度还有少数佛教徒、袄教徒和犹太教都过各自的节日，都要纪念或庆祝一番。作为一个多文化、多民族和多宗教的社会，印度庆祝各种宗教节日。印度庆祝独立日、共和国日和甘地诞辰日三个国家法定假日。另外，许多邦和州以及地区都有自己的节日。印度新年节庆在不同的地区有不同的风格。在印度的宗教节日，点灯是不能用打火机的，因为印度人认为，点燃圣灯时须用火柴，打火机是用来吸烟的，烟是不干净的东西，用打火机点燃圣灯，神会不高兴。斋戒（Vrats 或 Upvas）是表达对神灵感激的一种方式，在各种宗教场合，人们都遵守斋戒，斋戒的实施视具体情况而定。这种习俗可能来自吠陀仪式。

九、与社会交往有关的习惯

（一）问候早安

印度人习惯在手机上互问早安，甚至在手机上发送大量图片，包括鲜花、太阳等图案。自互联网出现以来，尤其是各种社交软件普及以来，各国也都出现类似情况，视不同人群而不同。

在印度，迎来送往，主人往往要给客人的脖子上套一个花环，花环越大表明对客人越尊贵。客人给主人赠送的礼物禁忌有：不要赠送牛制品礼物。印度人对摸小孩的头部非常忌讳。进入印度的寺庙，不能穿着牛皮制品的服装和携带牛皮制品，包括牛皮带、手提包等，否则会被认为犯了禁忌。见面后，谈话的话题尽量不要涉及宗教矛盾以及两性关系等，可以谈谈印度的文化传统以及国外的奇闻逸事。印度人交流谈话的话题通常是文化业绩、印度传统、其他民族的情况和国外的情况；一般不谈个人私事、贫困状况、军事开支以及外国援助等话题。不谈他人的习惯、人际关系会使一个社会和群体的关系更加简单，不易产生矛盾和问题。

印度人在与熟人和客人见面时通常是双手合十，举于胸前，面带微笑，说一句"纳玛斯戴"（Namaste），意即"吉祥和尊敬"。在印度，由于文化多元性，不同宗教信仰的人有着不同的问候方式。在信奉印度教的家庭中，"Namaste"是问候客人和长者的常用方式，两只手掌放在一起，抬高至脸下，表达对客人和长者的尊重。信奉伊斯兰教的人们则说"Adab"来问候，打招呼，包括手掌向内，在眼前举起右手朝向面部，指尖几乎触及前额。

若是见到自己最敬重的人要行触脚礼：俯下身，触对方的脚，再摸一下自己的额头。通常这是对尊敬者的最高礼节。随着城市化和现代化，城市居民见面通常是行握手礼，此外还有合掌、举手示意、拥抱等。除在重大外交场合外，印度妇女一般与不与男子握手，通常是双手合十，微微弯腰。

（二）左右摆动头、点头的体态语言

印度人的摇头意味着什么？这对于第一次与印度人交流的外国人确实是非常困惑的事情。一旦人们理解印度人的这种摇摆头的含义，就会发现其特别的感染力。印度人摇头表示"是"。当外来人与印度人交谈，对方会不断摇头，他们可能会认为印度人不同意他们说的话，事实上恰恰相反，印度人是表示"同意"的。如果不了解这一点，很有可能会引起误解。当然，有时印度人的摇头也表示否定，这要看摇头的幅度和表情，还要结合其他场景进行判断。对此，澳大利亚旅行者萨拉·麦克唐纳如此解释："也许这有关尊严，也许这是英国统治的后遗症，也许'是'可以表示'不'，就像点头可以表示'不行'，而左右摇头可以表示'当然'。像木偶一样又点头又摇头的动作可以表示任何意义，或者没有意义。"[1]

在印度各地区，有各种各样的传统形式的问候，但在商业世界和城市中传统的问候形式逐渐少了和简单了一些，代之而起的是握手。

印度人喜欢使用花环来表示欢迎。在婚礼活动中，新娘和新郎互换花环是婚礼仪式的一部分。在祈祷中，人们也使用花环奉献神灵。

1　〔澳〕萨拉·麦克唐纳：《彻悟：印度朝圣之旅》，向丽娟译，商务印书馆 2021 年版，第 46 页。

在印度，要避免用脚底对着他人或神灵，不要用脚触碰任何人。穿衣服要保守，要盖住肩膀和膝盖，尤其是在面对神灵时，更需要穿着谨慎和保守。当众接吻、拥抱、亲吻之类的行为在印度不多见。陌生人见面通常是不需要拥抱的。

（三）进门脱鞋

在印度，进入他人家门要脱掉鞋子，很多外国人有了这样的经历后也都喜欢上了这个习惯。一般印度人的家里会铺有一块地毯，客人和主人席地盘膝而坐，即"结跏趺坐"，将两脚交叉叠放于两腿之上，双手放在双膝上。尽管城市居越来越多地使用沙发和椅子，仍有不少人喜欢在沙发上盘膝而坐。

十、其他社会习惯

（一）把选票回执戴在身上

印度是一个民主国家，五年一度的全国大选一般持续一个半月。选举官员是印度政治生活的重要组成部分。议员、官员都要经过选举产生。印度人对选举高度重视，认为是非常神圣的工作，选民参与率也比较高。选举后，选民们会把选票回执挂在身上，以示得到选票保佑，可以平安吉祥。

（二）没有门牌的地址

印度大部分地区没有门牌，人们习惯将地标、桥梁、寺庙、市集作为标识。印度的邮政系统人员烦杂，是雇员人数排世界第二的国家。在印度，繁杂程度和人数众多排第一的是印度的铁路系统。

（三）"讨价还价"

在印度市场上购物，必须学会砍价，拦腰砍掉一半是正常的，通常一开始，印度人不接受，但若顾客扭头就走，卖方通常会呼唤顾客回来。尽管印度人在做生意过程中斤斤计较，但若一旦生意成交，多数印度人还是讲诚信的。

印度人以精明见称，精打细算，非常注重物有所值，追求商品的最低价格和最好的质量。在做生意上，给印度人任何东西，都会被认为理所应当，且他们只会想得到更多的便宜，直到获得最低价格和最大收益。

（四）印度式的如厕习惯

印度人如厕不用手纸。蹲坐式如厕恐怕是自有人类以来人们完成每日"必需"的基本方式。印度的厕所要求如厕者蹲下使用水来清洁，而不是卫生纸。大多数印度卫生间都有一种类似软管之类的东西，以便于如厕者自己清洗。印度大部分地区的人们认为卫生纸粗糙。许多外国游客起初不习惯，甚至感到很窘迫，但随着时间的推移，他们不仅习惯了，而且喜欢上了这种方式，因为他们认为这是保持身体清洁的最好方式。还有，印度人习惯露天大小便，不介意被人看见，习以为常。这是一种不良习惯，逐步成为政府关心和改革的内容。

（五）席地而睡

在印度，随意睡在地上的人真不少，如果碰到了，不用大惊小怪。印度有很多苦行僧、流浪者和穷人都席地而睡，凭路人施舍生活，他们能够安然自得，平静入睡。

（六）洗衣场所

印度有很多洗衣场所。由于缺水的原因，印度人喜欢把衣服送到洗衣场所去清洗，这已经成为印度人的一种习惯。印度很多地方缺水，有时连续几个月不下雨，供水系统又不完备，在洗衣场所清洗衣服方便又便宜。

（七）沐浴

泰戈尔在他的诗篇《轻微的损害》中对沐浴是这样描写的：

腊月里，寒风吹起

瓦鲁纳河清澈的涟漪。

远离城市的乡村里，寂静的

芭蕉林中，石砌的堤岸上

走来了伽尸的皇后格鲁那

一百名宫女拥簇着正去沐浴。[1]

这首诗写于 1900 年 10 月，至今已经 100 多年，它描述了国王的妻子沐浴的情形。

沐浴源于洁净观念。印度人在仪式上重视洁净，各个阶层，不论是上层社会还是底层社会，都坚持每天沐浴，保持身体的清洁，这是印度人生活的主要特色，这个习惯也传播到了英国和其他国家或地区。印度人的洁净主要还是宗教的内在要求。当然，工业化给印度也带了污染问题，许多河流已经不能沐浴，而且，污染越来越严重。从一些图片上看，一些孩子依然在严重污染的水中沐浴，自然感觉这不是一件好事情。这种喜爱沐浴的习惯会给印度人带来什么样的问题，现在还不好过早做出判断。

（八）当街洗澡

印度男人对当街洗澡习以为常，有时女人也当街洗澡，围个围裙，搭上一条毛巾，就开始洗了，并不

1　〔印〕泰戈尔：《泰戈尔诗选》，冰心等译，人民文学出版社 2002年版，第 43 页。

忌讳周边的人，哪里有水就在哪里洗，主要还是因为公共供水系统不发达等原因。

（九）葬礼

按照印度教的习惯，人死后要火化遗体，举行葬礼缅怀逝者，抚慰生者。火化后，把遗骨收集起来，在逝者去世的第 13 天，由家人将骨灰撒到神圣河流如恒河，或海洋中。

工作和娱乐的传统与改造

工作习惯包括工作态度、敬业精神、工作关系、工作纪律等在工作场所和过程中表现出来的行为。在有些人眼里，印度人性格外向，不把自己当"外人"，甚至表现出投机和散漫，或者叫做"浪漫随性"与"不拘小节"。

殖民文化使一些受过西方教育的印度人在思维方式和交流方式上更接近西方人。所以，在西方企业的印度人，似乎比东方其他国家的人更能得到提升和获得更多的发展机会，这也是近年来媒体上经常讨论的话题之一。

一、现代与传统交织的工作方式

（一）职场习惯

在印度，人们的身份是由学历、种姓、等级、年龄、职业等因素决定的，在会议或见面时，最好先搞清楚对方具体的身份，若是不明白，可以用"先生"或"女士"称呼对方。印度人在做决策时不仅依赖与对象之间的信任关系和自己的直觉，更依靠数据作出决策，因此建立良好的人际关系和提供优质的产品都非常重要。在印度，一般人员是不能做出决策的，决策通常必须是高层次人员做出的，这与其他国家不太一样，印度的等级观念比较强。印度等级分明，各负其责，高层级的人不做底层级的人的工作，否则会引起人们的非议，有损个人形象和声誉。

商务工作中，男士一般要求礼服或者西装，天气较热时，便装也可以接受。女士可以穿裙子或礼服，穿裙子不能暴露过多。初次见面要庄重。访问印度的政府机关、企业或其他组织，要事先预约，穿西服。许多印度商人和政府官员在西方接受过教育，对商务和工作细节比较关注，研究仔细。初次见面，先握手和问候，再发送名片，名片正面朝上，用右手递送。

在商业活动中，印度人如果表示不同意或者说"不"，会很婉转，比如说，"我会试试""我们会看看""也许""我不能确定""是的，可能比较难"，等等，不直接拒绝，以免引起对方的不愉快。

在业务洽谈过程中，印度人闲聊的话题有体育。

板球在印度很时兴，这是个很好的话题。其他国家的事物，诸如地理、历史等，也可以聊聊。

印度人喜欢的数字是 3、7、9，喜欢的颜色是红色，他们认为红色象征着生命、活力、朝气、热情；其次为蓝色、黄色、绿色和紫色。黑色、白色和灰色是印度人较忌讳的颜色。在政府机关和公司，印度人喜欢把办公桌摆在东北角或西南角。

（二）低于世界平均水平的女性劳动参与率

在印度，妇女很少有机会出去工作，养家糊口就成了男人的职责。从统计数据上看，情况也是这样，据《2021 年国际统计年鉴》，2019 年，印度妇女的劳动参与率为 22.6%，低于世界平均水平的 52.6%，更低于中国的 68.6%。另外，印度 15 岁以上的女性识字率为 63.0%（中国为 94.5%），包括女性在内的印度劳动力素质在整体上与中国和与世界平均水平，都存在很大差距。

（三）跨国企业中的印度人

人们发现，在美国硅谷企业工作的印裔高级管理人员的比例越来越高，究其原因，印裔在英语方面的优势是决定因素，但不是唯一的因素。例如，英语化程度很高的菲律宾，劳动力输出最具特色，但它输出最多的是菲律宾女佣。印度的科技和教育体制是另外一个重要原因，即科技教育实践制度，这种制度在科技人才培育方面发挥着重要作用，使其更能适应国际和跨国企业的经济和企业环境。

历史上，印度是英国长期的殖民地，在语言和制度上与西方主流社会更便于融合和更便于交流，被国际社会接纳的难度相对要小一些。在未来的发展中，印度与其他西方国家的冲突，尤其在价值观上的冲突可能会少一些，走得更近一些，这也会为其未来发展创造更大的空间。这里面可能还有一些印度历史文化传统和印度民族性格的原因。

西方大量企业在印度投资建厂，越来越多的印度人受雇于这些国际企业，而伴随着这些国际企业进入世界市场和全球经济体系，越来越多的印度人也开始进入全球经济体系。

印度是一个社会关系主导的社会，重视关系的观念也就自然而然地被带入了工作场域。印度人习惯在工作场所休闲、交朋友。他们希望与同事成为好朋友，一旦得到拒绝，会非常失望。尽管大多数印度人知道尽职尽责、练好真功夫、不断提升业绩是最重要的，但是他们还是禁不住相信"关系"的力量。

印度人依靠中国人认为的"不自觉"来争取机会。拿合影来说吧，中国人往往"谦让"，把重要的位置让给别人，"谦让"似乎是中国人的特点。印度人则不然，会积极往前挤，争取有利位置。也有人将这种行为称为缺乏大局意识。就印度整个国家而言，分裂的时间长，统一的时间短，加上印度人重视个人修行，个人主义要重于集体主义，也正好迎合了西方的个人主义，只是他们各自的个人主义习惯产生于不同的历史、文化和社会背景而已。

从注重"关系"和"人情"的企业体制到现代企业管理制度是印度企业发展的趋势之一。社会在变化，印度的企业也必须发生变化，尤其是那些传统家族化的商业企业，正在随着经济社会发展表现出非凡的适应力，适应不断变化的市场环境。现在看来，印度传统的商业企业仅仅适应一般意义上的混合传统企业模式和现代商业惯例已经远远不够了。他们必须适应快速的全球化和日益复杂的市场环境。在这样的环境下，企业的中层管理者由亲密的家庭关系转变为日益疏远的工作关系，政府政策必须改变，逐步培育高度注重企业效益、技术进步和不断开放的企业文化。

二、浪漫与保守融合的文化艺术

艺术是通过声、色、味、光、形等可感知的形式来满足人类有机体的基本需要的文化形式。不同国家和民族对于文化的感觉是不一样的。在长期历史发展进程中，印度文化不断吸收和借鉴其他文化，在融合各种文化中的风俗习惯的过程中逐步形成了自己的文化，包括民间文化。民间舞蹈是地方性的，通常在节日期间表演。在印度，一种类似吉他的西塔琴比较流行，另外，青铜器、地毯、陶器、石雕、木制品以及珠宝也闻名于世。

通常，印度文化习惯包括生俗、婚俗、葬俗、普迦仪式、节假日庆典、艺术形式等。艺术是文化的外延，通过各种各样的"艺"来最大化展示"文"，通过民俗风习、节庆活动，也通过有特色的歌舞绘画、习俗呈现。文艺的"艺"一定要通过各种方式展示出来的，但是"文"的底蕴不可或缺。

浪漫是印度民族的特征之一，这也可以从文学作品中看到。印度的文化艺术丰富多彩，充满浪漫、乐观和神奇色彩，尤其表现在印度的电影中。

（一）泰姬陵

表现印度艺术之浪漫的莫过于泰姬陵，这是莫卧儿皇帝沙·贾汗为缅怀他心爱的妃子穆姆塔兹·玛哈尔于 1631 年至 1653 年间建立的陵墓。在后人看来，泰姬陵已超越一般意义上的建筑艺术，它是美丽和忘我爱情的象征。1630 年，沙·贾汗带兵出征，泰姬随夫征战，因生第八个孩子不幸死于途中，临终前，沙·贾汗问妻子有什么要求，泰姬答曰："请陛下为我造一大墓，以纪念我们的爱情。"沙·贾汗欣然同意。泰姬陵的建设始于 1631 年，每天组织 2 万名工匠参加，历时 22 年完成。陵墓四周的围墙长 576 米、宽 293 米，由红砂石砌成。泰姬陵用大理石建造，镶嵌着书法、珍宝、宝石，代表着永恒的天堂。

整个泰姬陵 17 万平方米，内有十字形水池一个，中心建有喷泉。进入陵园大门，是一条红石铺成的甬道，走过这条甬道就是全部用白色大理石砌成的泰姬陵。泰姬陵的建筑建在高 7 米、长 95 米的正方形大理石上，居中的是寝宫，四周各有一座 40 米高的圆塔。寝宫有 74 米高，顶部是高耸的穹顶，底部是八角形陵壁。寝宫内部的墙上由珠宝点缀，光芒四射。泰姬陵是印度建筑中最著名的，它给人一种奇特的美感。它的文化意义不仅在于它是建筑学上的创举，更因为它展示了一个美丽的爱情故事，以及寄托着人们对美好爱情的向往。这座陵墓被联合国教科文组织列入世界遗产名录，并誉为印度穆斯林艺术的宝石，也是受人尊敬的杰作之一。

随着旅游业的发展，来泰姬陵旅游的人越来越多，有时每年能够达到 600 多万人。近年来，一些皮革业和酒店业在附近相继建设，造成当地环境严重污染，尤其是企业生产造成的烟雾和废弃，使泰姬陵的颜色发生变化，白色的大理石正在逐渐变为黄褐色，人们在想办法保护这一历史古迹。2019 年印度的国际旅游支出为 286.0 亿美元，同期世界旅游支出总额为 15 496.2 亿美元；国际旅游收入为 316.6

亿美元，低于中国的 327.0 亿美元。[1] 2018 年，印度入境（过夜）旅游人数为 1791 万人，出境旅游人数为 2692 万人。[2]

在印度，包括泰姬陵在内的许多建筑，以及其他莫卧儿帝国时期的建筑作品和南印度建筑，都融合了这个国家的古老传统，结合了当地风格，借鉴了其他国家的文化特色。印度的乡土建筑在风格上具有明显的地域性特征。印度建筑文化特别能关注自然环境和自然规律如何影响人类的居住，这与我们一开始就讨论的人文区位分析是一致的。人与自然统一和谐是印度艺术的内在特征之一。

（二）"电影王国"

印度以其宝莱坞电影而闻名于世，有"电影王国"和"东方好莱坞"之称。宝莱坞是印度宝莱坞电影制片厂外景的简称，位于孟买电影基地，号称孟买影视城，代表了一部分印度电影产业，2022 年，宝莱坞占印度电影总产量的 25% 左右。依靠优异的影片质量和非凡的营销策略，宝莱坞既在印度本土电影市场上举足轻重，而且初步实现国际化，成为世界上最大的电影生产基地之一，拥有数亿观众。2017 年，宝莱坞年

1　国家统计局：《2021 年国际统计年鉴》，中国统计出版社 2022 年版，第 312 页。

2　同上书，第 313 页。

生产 1986 部电影，其中 364 部是印地语电影。据一些媒体报道，2001 年，印度电影在全球售出约 36 亿张门票，好莱坞则为 26 亿张。《印度超人》等电影风靡全球。印度的电影产业出现在 19 世纪后期，第一部真正意义上的故事片拍摄于 1913 年，这些都为现代电影事业奠定了基础。进入 20 世纪 90 年代，印度扩大开放，大量世界电影随之进入印度，观众的口味一直在变化着。

2020 年以来，印度电影产业即便受到疫情影响，但考莱坞（Kollywood）、托莱坞（Tollywood）、莫莱坞（Mollywood）等电影基地出品的电影在影院和流媒体上大放异彩，在 2022 年 10 月的第 47 届土星奖中获得最佳国际电影的《RRR》产自托莱坞。《RRR》上映后打破若干票房纪录。眼下，印度年生产影片的数量已经排名世界第一位，正朝着全球电影市场巨头方向迈进。从国际环境看，近年来，欧美多家国际影视公司在印度加大投资力度，预计到 2023 年，印度会成为位居世界前列的流媒体电影市场。从内部环境看，印度电影产业既面向北部印地语主流群体，又试图通过合作生产多种语言、增加字幕等途径覆盖印度全境，以反映、表达、阐释不同区域、语种、信仰、文化的国民生活，尽可能通过多元化、包容性拓展国内市场。

印度电影情节生动，题材自由发挥，戏剧性强，几乎每部影片都有数支插曲和舞蹈，歌舞贯穿始终，一般每部片子在三个小时左右，这些构成了印度电影的特色。早期的电影取材于印度神话，到 20 世纪 40 年代以后，逐渐以现实题材居多，有时也取材于历史。尽管印度电影很多，电影观众绝大多数是男性，女性极少，人们以家庭为单位同去看电影居多。年轻女子多随父母一同去电影院。印度电影院的售票口分男女窗口，电影票也按照社会等级分为 4—6 个等级，各个社会等级必须按照自己的社会分层就座。

也有电影人试图打破这种社会格局，或者挑战它。阿那班·奥尼尔是一位具有叛逆精神的导演，他积极倡导改变实现，"今天，许多女性想要和自己族群之外的男性结婚时，如果没有得到父母的允许，就会被社会所谴责。因为，没有父母和兄弟的支持，你就有可能失去原生家庭。你不可能为了别人就把与你朝夕相处的亲人都抛弃掉，你害怕失去自己的原生家庭。很多时候，你都不得不做出妥协，但是我的电影不是关于妥协，而是关于如何改变这个社会"。[1] 从他们的这些表述可以看出印度社会的问题所在，家族、家庭、父权在社会生活中依然发挥着作用。他在其导演的电影《我的兄弟尼基尔》描述家庭内部因不同看法而发生争执，甚至引发矛盾和冲突的过程，"父亲不接受任

---

[1] 〔印〕尼马尔·库玛、〔印〕普丽绨·查图维迪:《勇敢的新宝莱坞:对话当代印度电影导演》，裴和平译，中国传媒大学出版社2017 年版，第 123 页。

何人的意见，尽管他还掌握着家庭的大权，但是他的妻子和女儿已经停止和他交流，并且他失去了儿子，父亲的心门关闭了，家人已经不再接受这种父权制的家庭结构。所以，我的影片就是在质疑这种家庭中的政治"。[1] 这从一个侧面也可以看出，文化艺术是社会变革的象征。

歌舞剧是印度电影艺术的特色之一。印度电影以穿插歌舞为特色，有人认为这是印度人乐观、积极向上性格的体现。印度的电影还把宗教文化与电影艺术结合起来，通过传统音乐体现印度特色。娱乐性也是印度电影的基本特征，人们在看电影时，跺脚、吹口哨、欢呼、载歌载舞，将身心融入其中，达到这样的状态才算进入欣赏状态。这样的文化又源于印度的宗教仪式，Darshana，即双向交流和互动，把欣赏者融入电影之中。

（三）古典舞蹈

印度舞蹈分为古典舞蹈和民间舞蹈。印度的主要古典舞蹈传统借鉴了神话和文学的主题，遵循着严格的演示规则。古典舞蹈包括婆罗多舞、卡塔克舞、卡塔卡利舞、库契普迪舞等。

---

1 〔印〕尼马尔·库玛、〔印〕普丽绨·查图维迪：《勇敢的新宝莱坞：对话当代印度电影导演》，裴和平译，中国传媒大学出版社2017 年版，第 124 页。

印度的古典舞蹈历史悠久，这种古典舞蹈源自对神的无比虔诚和无私洁净的爱。这样就对舞者提出了严格规范的要求，包括手势、眼神、表情、身体等，通过这些情节来表达和诠释宗教故事中的各种事物。在印度古代，古典舞蹈的扮演者通常称之为"神奴"，这些"神奴"通常给神庙里的神表演舞蹈，这是古典舞蹈的渊源。当然，进入近现代社会，尤其是历经"古典舞复兴运动"，印度古典舞蹈已经发生了巨大变化，成为一种严肃的古典艺术。古典舞蹈表演者被要求持严谨和端正的态度，经过长期严格训练，方能获得登台表演的资格。也有人说，古典舞蹈也可以称为"印度的芭蕾"。印度人接受了西方的民主制度，却对西方的音乐采取拒绝的态度，至今，印度也没有交响乐团和芭蕾舞。印度不是那种完全拿来主义的民族，这也可以视为它的一种文化习惯。民间舞蹈是印度第二种主要舞蹈形式，种类繁多，来自不同的民族和文化。

（四）形形色色的戏剧

与舞蹈和音乐一样，印度的戏剧历史悠久。至今印度的舞蹈哑剧依然保留了最古老的传统，表演时有音乐伴奏和歌词配合。19世纪以后，印度恢复了传统的戏剧传统，尤其到了18世纪后半叶，戏剧开始展现反帝反封建的内容，如《早婚》《寡妇的婚礼》等，揭露了传统习俗的黑暗；也对英国的殖民统治进行了讽刺，如《孟加拉的老爷》《蓝靛镜子》。反帝反封建的内容比比皆是。

（五）魅力无穷的音乐

印度音乐历史悠久。"湿婆"是印度教的三大神之一，又被称为"舞王"。在祭神或宗教节日举办歌舞集会是印度人们生活的重要组成部分。人们认为"音乐和舞蹈的起源是神圣的"，精神生活是主要的艺术知识形式。印度人信教，一生要经历无数次的宗教活动，参加宗教活动自然少不了音乐舞蹈。例如，印度人把婚姻视为一种重要的宗教仪式，只有完成各种宗教仪式才算真正完成结婚，在婚礼活动中，音乐、歌唱、舞蹈贯穿始终。若婚礼在新娘家举行，新娘的家人可以在唱歌过程中大骂新郎的家人，且新郎的家人不得还口对骂，因为自己是客人。骂人必须有音乐伴奏，在唱歌中骂。其他的人生仪式也是如此，离不开音乐，这是印度的宗教传统使然。

印度音乐多彩缤纷、传统各异、地区风格鲜明。南部和北部印度的古典音乐、电影、民间音乐各具特色。区域化的流行形式包括电影和民间音乐。电影歌曲是印度电影跟"其他国家的电影的区别所在。有些东西可能需要四个场景才能表现出来，但只要一首歌曲就可以完成。我知道，有些歌曲是硬塞进去的，对情节发展并没有多大作用，但并不是所有的歌曲都是如此"。[1] 这就是印度电影的习惯之一。

印度电影音乐具有自己独特的风格，包括曲调缓慢的现代情歌以及动感十足的舞蹈音乐。《流浪者》是一部家庭爱情片，先是 1954 年 1 月 25 日在瑞典上映，1956 年 4 月 7 日在美国上映，改革开放后在中国上演。在中国上映后，该电影插曲《拉兹之歌》曾在改革开放初的中国内地产生了强烈反响，甚至一度成为流行歌曲。现在，那些从改革开放初期过来的人，对于《拉兹之歌》依然记忆犹新：欢快的音乐，带有丝丝忧伤，又不乏浪漫。快乐会使人们在一定时间内保持积极乐观的情绪。

（六）文学

印度最早的文学作品出现于公元前 1700 年至公元 1200 年之间，是用梵语写的。从 14 世纪到 18 世纪，灵修诗人的出现标志着印度文学传统的深刻变化：中世纪印度文学与古典印度文学出现了分水岭。19 世纪，印度社会问题和心理描写成为印度作家的写作内容。20 世纪，受到出生于孟加拉的诗人和小说家泰戈

---

1 〔印〕尼马尔·库玛、〔印〕普丽绨·查图维迪：《勇敢的新宝莱坞：对话当代印度电影导演》，裴和平译，中国传媒大学出版社 2017 年版，第 148 页。

尔的作品的影响，印度文学又进入新的阶段。泰戈尔是诺贝尔文学奖的获得者。印度社会中也有人对改革导致了文学市场化提出批评，譬如对诗歌方面提出批评，认为市场经济把文学作品变成了"商品"，使其缺乏思想和情感。

（七）电视广播

印度的电视广播始于 1959 年，最初由国家经营，到 20 世纪 90 年代，随着改革的启动，国家经营电视的局面结束。与此同时，卫星频道兴起，成为大众生活的一部分，开始塑造现代印度的流行文化。

（八）体育

印度有着自己的本土体育活动，据说最早的亚洲武术起源于印度。人们通常认为国际象棋起源于印度。网球在印度是一项深受欢迎的体育项目。

板球是印度最受欢迎的运动。印度的很多电视广告都以板球为题材，或者选择板球巨星作为代言人。青少年在学校、街道开展板球活动，风雨无阻，贫富皆宜。据说，印度的板球球迷有十亿人之多，板球比赛仅次于足球世界杯、奥运会。板球在印度非常受推崇，深受各个阶层的欢迎，既是一项体育活动，也是一项商业活动，还是爱国主义运动。马球在印度也非常受欢迎，尤其是精英们的体育活动。

瑜伽起源于印度。印度古代文献认为，瑜伽可以帮助人们精神专注、反省，并认识和表达最高的自我。现在，瑜伽已经传遍世界，并受到普遍欢迎。瑜伽产生于一种养生体系和对人的灵魂的内在稳定和心理深度的神秘探索的结合。前者与身体健康和心理健康有关，后者似乎蕴含现代生活的一个广阔而深刻的潜流。印度武术的独特因素之一是强调冥想，帮助人们消除恐惧，增强自信，减少焦虑。近代第一位使用通俗语言向西方全面深入阐述东方哲学思想和智慧的印度哲学家吉杜·克里希那穆提对于冥想是这样表述的："冥想乃是了悟人生的一种过程，也就是要为生活带来秩序。秩序即是美德与光。这份光明是别人无法给予的，不论那人有多么老练、聪明、博学或神圣。"[1] 瑜伽的一些内容也被纳入印度武术。

---

1 〔印〕克里希那穆提：《点亮自性之光》，胡因梦译，上海社会科学院出版社 2017 年版，第 35 页。

踏上更新台阶的文明

以上各个部分追溯了印度这个国家的文化、人性、习惯等反映了印度人性格的古代和现代特征。近代以来，与世界上其他古文明一样，古印度文明进入一个跨越数百年的经济社会和文化的大转型时期。印度这个文明古国从近现代以来开启的巨大转型始于经济和技术，逐渐波及民族生活，乃至带来整个社会的深刻变革，使我们认识到工业革命、大规模生产、大众传媒、信息技术的重要作用。

历史的大跨度有时会使人们获得一种透视感，对已经发生和正在发生的进程有更加透彻的理解和认知：人性与神性、艺术与文学、音乐与文化、科学与技术、女性与家庭、社会与政治，或索性把这一切都囊括其中。回过头来看几个世纪的历史，悠久文明的历史古国在近代的转型过程中究竟如何吸纳其他文明；以及以何种方式造成了自己面临的一系列问题的呢？

一、当代技术生态中的印度社会文化变迁

（一）处在深刻经济社会变革进程中的印度文化

1991 年印度开启改革之前，企业的发展主要是依靠企业家的谋划、企业能否获得营业执照，以及它们与政府的关系。在这样的制度环境下，企业决策不是基于市场和公平竞争，而是取决于与政府之间的关系，以及能否得到政府的政策支持。改革前，印度的经济基本是内向型的，国家旨在通过自力更生实现经济增长和国家发展，在这样的体制下，根本谈不上企业家精神，个人以就业为主，也谈不上创业。实施改革计划后，大量的国际企业进入印度，并与印度的家族企业展开竞争，跨国企业以其雄厚的资金、先进的技术、优秀的管理倒逼印度的家族企业进行改革，有些家族企业适应新的市场环境，得到历练和发展，成为较佳者，有的故步自封，失败了。20 世纪下半叶以来，与世界其他国家一样，印度也发展了一批信息技术产业，而且，有些在软件领域具有较强的竞争力。激烈的市场竞争迫使一些家庭企业对自己的经营模式、管理体制进行改革。这一切的一切，最终导致了印度的经济结构、社会观念、价值体系、组织构架等方面的深刻的变革。

印度经济呈现出多样性。历史上的印度，自然资源丰富，生活富裕，也招来不少入侵者，后来它们都

构成了印度社会的重要元素。现代印度，技术的广泛应用，经济发展迅速，既造就了一批亿万富翁，也造成大批食不果腹、生活在贫困线以下的人群。印度的社会分化与其他国家一样，是比较明显的。说到贫富分化，印度也存在马太效应，富裕的人越来越富，贫穷的人越来越贫穷。随着经济的发展和对外开放，印度的中产阶级在不断壮大，这个阶级在公共服务、农业和科学技术领域占有越来越重要的地位，这种社会结构的变化也冲击着原有的社会结构，像种姓制度等。从地区发展来看，印度各地也存在发展不平衡问题，造成这种不平衡的原因是极其复杂的。印度经济呈现出多元性，农业是基础。从人口结构上看，印度还是一个乡土社会，大部分人依然生活在农村，他们的工作和生活方式是以农业生产和农村村落为基础的。印度历史上不乏统治者通过统一的法律、货币、官方名称、习俗来使之成为纽带，推动国家的统一。

深入研究印度发现，这个国家并不像人们所说的或在印象上感觉到的那样落后和愚昧，它正随着技术进步和经济发展不断调整自己的社会结构和价值体系。总体来说，印度的综合国力还不足够强大。印度的发展也充分证明了马克思主义的基本原理，生产力决定生产关系，经济基础决定上层建筑，这是一个放之四海而皆准的普遍规律，没有一个国家可以例外。印度并没有停留在历史的某一时点上，其整个社会也处在变革之中。数字化成为印度社会进步的重要推手。

曾经担任印度央行行长的比马尔·迦兰说过："与大多数发展中国家相比，印度在制定政策框架时，更注重将政策与远景规划目标结合起来。印度从来不惧外部环境和暂时的困难，不论是每次推出五年发展规划时，还是做出资源配置和优先发展决策时，印度都充分考虑了独立之后制定的长期发展战略。"[1] 2015 年 7 月，印度总理莫迪提出了"数字印度"作为国家战略加以推进。在 2012—2017 的五年规划中，印度提出加大发展电信产业，为 13 亿人口提供通信服务，要求手机信号要覆盖所有农村，农村地区电话普及率达到70%，宽带连接 1.75 亿人口，完成国家光纤网络工程，等等。印度政府在努力缩小数字鸿沟。根据印度软件和服务业企业行业协会（NASSCCOM）的统计报告和印度工业联合会报告的预测，印度电商市场预计到2020 年规模将超过 1000 亿美元。当然，与中国比较，印度的信息产业和信息化程度仍有较大差距。

2014 年，上任不久的印度总理莫迪提出了雄心勃勃印度制造（Make in India）计划。2022 年 10 月底，莫迪再次强调这一计划，喊出为世界制造（Made for the World）这一新提法，背后凸显了莫迪要推动印度成为全球制造业中心的更大雄心。根据预测，到 2030

---

1 〔印〕比马尔·迦兰：《印度经济史：内部专家的洞见》，张翎译，中国科学技术出版社 2021 年版，第 28 页。

年，印度有可能超越日本和德国成为世界第三大经济体，未来 10 年，印度经济将占全球增长的 20%。最近几年，印度加大了基础设施投入，投资环境不断得到改善。当然，印度要成为下一个世界制造业中心存在四大障碍：投资风险太高、政策内向性太强、宏观经济失衡太大、利益相关者关系复杂。2022 年 11 月，电子商务头部企业亚马逊（Amazon）宣布关闭在印度的三家合资企业，业务范围涉及食品配送、批发、教育培训等电子商务。

与全世界各国一样，在过去十几年中，印度人的新闻消费和娱乐方式发生了根本变化，给传统媒体和传播方式带来了巨大挑战，给传统广播公司带来挑战和机遇。越来越多的人在移动设备上看节目。移动媒体迅速增长，为越来越多的消费者所使用。移动媒体一定程度上改变了印度的社会结构，进而改变了商业模式，传统的商业模式遭遇巨大挑战。

（二）改革与现代化计划

发展中国家要追赶发达国家，实现自己的现代化，必须对自己现有的体制进行改革，以适应全球发展趋势，对接国际市场。一个国家又想发展，又不想对接国际市场是没有出路的，尤其像印度这样一个传统力量巨大的国家。20 世纪 90 年代，国民大会党领袖帕穆拉帕提·文卡塔·纳拉辛哈·拉奥和曼莫汉·辛格把改革思路作为国家中长期规划的指导思想，制定了新工业政策、新的小型工业政策、进出口政策等，在生产领域的半管制、私营经济、公营经济引进外资和国际先进技术，对进出口、小型工业过度保护、金融体制、农业领域、科技体制、加大扶贫等方面进行了改革。尽管这场改革有或这或那的不足，但总体上看是一场成功的改革，它使印度经济迈上了一个新的台阶，基本实现了经济发展模式的转轨，奠定了继续深化改革的基础，对印度全面现代化具有里程碑式的意义，也对社会领域产生深刻的影响。经济发展必然带来社会体制，包括利益格局、生产关系、社会关系的深刻变革。改革过程中，也出现了浓郁的宗教热忱，尤其是那些富裕阶层宗教热忱高涨、宗教活动频繁。这也从另外一个角度说明，随着经济发展和生活节奏加快，人们迫切需要在精神上得到舒缓、调节和抚慰，富裕起来的人需要得到神明的保佑。自此以后，无论哪个党为首组成的政府，都无一例外地沿着这个改革的方向继续深化，使印度在 21 世纪进入世界发展速度最快的国家之一的行列。由此也说明，一个大国，在自己的崛起过程中，坚持改革开放政策的持续性至关重要。

印度在政治体制上被视为议会民主制，其权力构架由立法部门、执法部门和司法部门组成，在行政上设立总统和总理。总理为国家行政的首席执行官。议会由两院组成，国务委员会和人民议院。根据宪法，国务委员会由 250 名成员组成，其中，总统可以提名 12 名成员，主要是选择那些在科学、艺术、人文领域有突出成就的专家学者参与，其余由各州或地区的立法机构选举产生。人民议院，通常被认为是下议院，按照宪法，由 552 名成员组成，其中给种姓代表保留 84 个席位、部落代表保留 47 个席位，这是考虑历史上遗留下来的种姓和土著民族问题的制度安排，这两个群体在历史上属于弱势群体。人民议院的其他成员根据所在州的人口规模通过选举产生。立法部门负责通过新的法律，但需要通过司法部门的审查和批准，在此基础上，政府负责实施。印度的行政部门是部长会议，总理担任政府首脑，负责政府日常活动，处理日常事务。法律上，总统是军队总司令。印度是由 28 个州和 7 个联邦领土（UT）组成的联邦。印度将自己定位为主权、社会主义、世俗的民主共和国。主权意味着印度是一个独立的国家；社会主义要求所有的印度公民在经济和社会权利上一律平等；世俗则要求人们有选择宗教信仰的自由，国家赋予每个公民实践自己的宗教信仰和选择自己宗教信仰的权利，印度境内的所有宗教一律平等。印度没有国家规定的官方宗教。民主意味着权力机构和执政人物必须是由人民选举产生的。

（三）信息化和传媒发展

在世界各国的社交媒体使用中，针对"脸书"

（Facebook）的使用排名，印度居第一，用户数量远远超过美国。当然，印度人口在规模上远远超过美国。从另一个角度说明了这个国家的社会开放度，使用"脸书"正在成为或者已经成为印度人的阅读和传播习惯。这种习惯对印度社会本身，尤其是对网络空间的扩张会产生深刻影响，对其外界来说，会进一步扩大这个国家和社会与美国等国家的交往和交流，也使其更容易了解和理解西方国家和社会。"脸书"的主要语言是英语，印度人本身就擅长于英语交流。印度的文化中的人性与习俗会随着社会的进一步开放而不断发生新的变化。在"照片墙"（Instagram）的使用中，印度排名第三。非常有意思，东南亚的一些国家，诸如菲律宾、印度尼西亚、泰国，甚至中国的邻国越南使用"脸书"的人口规模都居世界前列。就世界各大城市而论，印度首都新德里使用"脸书"的用户已经居于全球第八位，当然，新德里是一个国际大都市，根据 2014 年联合国发布的数据，新德里人口 2500 万人，居世界第二。电信和信息技术是新德里的主要产业。2019 年，印度的互联网用户超过 5.6 亿人口，少于中国，排在世界第二，是世界上第二大在线市场。而且，这个国家的在线人数在迅速增长，到 2021 年超过 6 亿人口。非常有意思，自然也合乎印度的社会体制特征的是，在互联网用户中，男性占 71%，女性只占 29%。[1]

信息技术的发展和广泛应用为印度民众的生活带来了越来越多的便利。从 2014 年至今，印度已经实现了 2.9 亿个银行账户与一个以印度文字 Aadhaar 命名的印度全球最大的生物识别数据库关联，巨额资金通过互联网实现在支付平台之间流动。印度中央银行在建立统一的移动支付接口。亚马逊、印度最大的电子零售商 Flipkart 和美国的 Uber 等新一代互联网平台迅速兴起，创造了大量的就业机会，给社会发展带来了深层次的影响。移动运营商，以及由移动技术形成的商业生态系统为印度提供了近 220 万个直接就业机会和 180 万个间接就业岗位。印度已经建立起比较完整的工业体系，在钢铁、信息技术、制药等领域走在世界前列。

随着经济不断提速，印度在强化其现代化国家建设目标，2022 年 8 月 15 日，为纪念印度独立 75 周年，印度总理莫迪发表演说，强调"必须在未来 25 年，在我们有生之年，把印度变成一个发达国家"。[2]"莫迪在当天的演讲中说，如今印度在科技、工业、粮食和能源等方面取得卓越成就，在信息技术、制药、空间科

1　The World Bank, https://www.statisticstimes.com/economy/gdp-of-india.php.

2　程是颉、英辰：《莫迪：25 年后印度将成发达国家》，《环球时报》2022 年 8 月 16 日。

学等领域跻身先进国家行列。莫迪表示，未来25年对印度至关重要。他在演讲中要求年轻人用25年的奋斗为印度独立100周年献礼。"[1]

（四）变迁中的社会和习俗

不论是普通习惯还是核心习惯，印度的习惯都在发生变化，包括饮食、作息这类普通的生活习惯，以及互联网阅读和交流这类核心习惯。核心习惯的改变会带来普通习惯的变革。在技术力量改变人们的社会关系的同时，市场力量也加入其中，成为另外一个变革因素。印度引入市场机制已经很久了。20世纪90年代的市场化改革无疑加速了印度的市场化进程。有什么办法呢？到目前为止，市场机制是人们找到的最好的配置资源的方式。

今天的印度，除了受到殖民传统的塑造，还受到旧风俗习惯残余的吸引，以各种形式与现代多元性混合在一起，这是一个传统的印度和一个现代的印度，一个神圣的印度和一个世俗的印度。殖民文化使印度更容易接受现代民主的价值观，以及全世界所谓普世价值。政治文化只是民族文化的一个方面。都市文明，不论是精英阶层，还是劳工阶层，都会不同于传统的农业文明。总之，发生在经济、政治和社会领域的进

---

[1] 程是颉、英辰：《莫迪：25年后印度将成发达国家》，《环球时报》2022年8月16日。

步，都意味着印度原有的社会关系、经济关系都将发生深刻的变革，并改变着人们的生活方式，亦即文化。我们拭目以待。

印度作为一个多民族和地理地貌复杂的国家，必然存在着不同文化和价值观差异，印度的文化和社会体制如何来协调这种差异，从而成为一个统一的民族国家，这是值得深入研究的问题。世界上多民族国家由于不同的价值观导致的民族冲突问题数不胜数，核心的问题是如何形成各个种族对于主流文化和价值观的认同。

纵观印度历史，自远古时期，印度对于各种文化的吸收和消化的能力就比较强。从某种意义上说，了解现代的印度及其社会变迁对于未来的价值远远大于对其历史的了解。现代印度文化实际上是以具有浓郁色彩的宗教文化为主，与商业文化、古典文化、数码文化和无限丰富的东西方文化混合并存的文化体制，它的功能是，能够包容和善于协调不同的文化，并且在当代，随着经济发展、技术进步，其包容性和开放性特征越来越明显。当然，作为一个区域性大国，印度文化也带有明显的区域性，作为世界上为数不多的文明之一，它一方面以其神秘主义色彩吸引各个国家大众关注，去印度旅游，欣赏印度艺术，消费印度文化；另一方面，人们又对其消极的方面进行批评。研究印度文化可以帮助了解文明是如何发展的、它的内在规律是什么，最为重要的是，帮助了解在一个全球化的世界里，不同文明之间是如何相处的。各个文明在坚守文化自信的同时又能始终保持文化自省的能力并非易事。这至今还是一个没有很好得到解决的问题，因为，它不仅是文化问题，更是超越国家的复杂治理问题：既能坚守文化自信，又能使自己的价值观在国家之间得到采纳。全球化把各种文化聚集在一起，胜者在于产生更大的吸引力，而不是让人反感或者感到受到威胁。

（五）日趋消退的种姓制度

从整个社会生活看，种姓制度在印度具有普遍意义，但在城市职业机构、国际公司和现代化企业，种姓制度并无特别的价值，说明经济现代化会对传统和习惯产生巨大的变革作用。不仅在跨国企业，就是在大城市，种姓制度的色彩在不断消退。还有，现代民主制度的推进，各政党为了获取更多选票和更多选民的支持，也不得不淡化种姓色彩，客观上给低种姓群体带来了更多的机会，其地位在不断提高。历史上，为了解决这个问题，人们采取了"保留制度"，即在政府和大学中，为低种姓人群保留一定数量的位置。但是，随着社会的进步，有人提出，这种"保留制度"有失公平，会阻碍印度的经济发展和社会进步，必须废除。废除种姓制度的趋势在印度暗流涌动。

（六）"大行其道"的英语

印度说英语的人比较多，且英语是官方语言。"英文的思路是直线的（linear）——假设、论证、分析与结论。按部就班，平铺直叙，结论是论证与逻辑的产品。这种思路下的讨论是直线和稳健的，但结论是不可预测的，很符合西方实证求真的思想。"[1]一种语言所固有的思维方式会不自觉地影响着人们看问题的方式。英国殖民主义给印度留下了英语，在这个社会中，拥有一个说英语的阶层和一套议会民主制度，也算是英国殖民碾压给印度留下的烙印。精通英语、了解殖民文化的价值，以及大量的学生赴西方学习，会不会使印度人更容易为西方经济体系接受并在信息化时代占据优势依然是一个值得进一步研究的问题。

英语在印度非常流行，它不仅仅是一门语言，也是社会分层的重要特征。在英国人统治时期，会说英语成为社会分层的重要指标。这种社会分层式英语在印度根深蒂固，牢不可破。印度独立后，政府依然把英语作为官方语言，政府文件也都是英文。1963年，印度议会再次通过相关法案，规定印地语作为印度官方语言和公务用语，遭到非印地语各邦和人民的坚决

---

1 〔加拿大〕梁鹤年：《西方文明的文化基因》，生活·读书·新知三联书店2014年版，"写在前言"，第6页。

抵制。至今，印度的官方文件还是先用英文起草、定稿，然后再翻译成印地语。英语在印度大行其道，印地语只能在北方流行。这客观上促进了印度的英语流行。

从英国开始殖民到1868年，除南极洲以外，全球各洲几乎都有英国的殖民地，英语在13个国家是第一语言，在22个国家是官方语言，在10个国家是主要语言，美国的影响不能不与语言有关。英语也是互联网的主要语言，大多数互联网编程语言是英语。随着互联网的广泛应用，英语也会进一步扩大范围，在这点上，印度有其优势。迪巴卡尔·班纳吉是印度当代著名的电影导演兼编剧，也是新宝莱坞的领军人物，在谈到电影语言时，他说道，"印地语和孟加拉语的影片没有市场，况且，我还没有发现一个令我感到兴奋的题材可以让我集中精力去做"。[1] "实际上，印度是英语和英国文学教学发展的实验室，这一实验成果不仅回流英国取代了传统的课程，而且也构成了英国现代性的重要一步。如今英语在印度并不是外语，这是帝国相遇中印度与中国的重要区别。"[2] 也可以这样理解，

---

[1]〔印〕尼马尔·库玛、〔印〕普丽绨·查图维迪：《勇敢的新宝莱坞：对话当代印度电影导演》，裴和平译，中国传媒大学出版社2017年版，第13页。

[2]〔德〕范笔德：《亚洲的精神性：印度与中国的灵性和世俗》，社会科学文献出版社2016年版，第232页。

在英语基础上的英国和印度之间的交流是双向，印度文学影响了英国文化，英国文化也影响了印度文学，形成了人类学意义上的文化融通。班纳吉实际上是想说，因为两个东方大国，中国抵御了西方列强的入侵，且发生了激烈冲突，保留了自己的民族文化和语言，印度却被殖民化了。这恐怕是我们理解中国和印度文化的切入点之一。

英语是印度国家、政治和商业交流的最重要语言。41%的印度人说印地语，是印度人口中使用最广泛的语言和主要语言，印地语也是印度官方语言。"英语教育和科学技术的引入，给印度传统生活猛然一击。长期蛰伏的理性驱动力突然变得活跃起来，一种新的印度精神诞生了，它导致了印度的现代化。"[1]当然，也有人认为英语是一种统一的力量，在构建印度共同体中发挥重要作用："英语成为联系印度各地操不同语言的人的纽带。由于英语已经在各殖民地被证明是世界性的语言，这对于缔造政治纽带或运动而言是非常必要的因素。此外，大部分受过英语教育的人，都有在其本地区之外从事政府、法律或记者职业的经历，这是一支进一步实现统一的力量。"[2]

---

1 〔印〕D. P. 辛加尔：《印度与世界文明》（上），商务印书馆2015年版，庄万友等译，"前言"。

2 〔美〕芭芭拉·D. 梅特卡夫、〔美〕托马斯·R. 梅特卡夫：《剑桥现代印度史》，李亚兰译，新星出版社2019年版，第118页。

　　但是印度本土精英，已经高度西化，他们中的多数人更熟悉用英文书写，在英国人领导下，使用英语工作。同时他们也通过英语接触到最新的欧美思想、学术和文化。[1]

　　印度除了1亿左右的英语使用者，还有2.5亿可以用英语进行简单对话的人口，总计3.5亿左右的人口可以使用英语，在人口规模上与美国不相上下。随着印度英语使用人数规模的扩大，印度英语口音将成为标准的英语口音之一。对于印度的这个有着众多语言的国家，英语的熟练程度对于人们的社会地位有着很大的影响。"凡是受过高等教育的印度人，都可以直接阅读英文原著并用英语工作。在吸收外来文明成果方面，印度人具有得天独厚的语言优势。印度软件业的崛起，既得益于印度人的数学逻辑能力，也得益于他们的英语能力。"[2]

　　尽管印度学者的英语夹杂着强烈的地方口音，但其流利程度还是不一般的。印度学者一般能够精通几种语言，英语自然不在话下。在考"托福"的人们中

1　〔日〕中里成章：《帕尔法官：印度民族主义与东京审判》，陈卫平译，法律出版社2014年版，第21页。
2　刘建、朱明忠、葛维钧：《印度文明》，中国大百科全书出版社2017年版，第25页。

间流传着一个笑话，说印度人考托福不用到听力室，在广场听着大喇叭就能考满分，足见其英语水平。

二、印度文化史是全球化进程中的一部文明交融史

印度文化中性格与习惯来源于印度的人文区位及其形成的人文生态，与其他民族和宗教的交往与融合，长期的历史发展。尽管人们对印度这个国家中较早居住在这个南亚次大陆的多民族是什么人还不是十分清楚。学术界基本认定最早的人种不会是一个，应当是多个人种组成的民族，如尼格利陀人、澳大利亚原始人、达罗毗荼人、蒙古人等，这些不同的人种何时来、从什么地方来，也还没有历史定论。但至少我们可以看到，最早的印度文明也是在人类的流动和交流中形成与发展起来的。眼下世界各地的各种文明何尝不是这样呢？与其他文明一样，印度文明源于各种文化的交流与冲突。作为人类的主要文明之一的印度文明来源于南亚次大陆特有的人文区位和人文生态。

在那些最早的人类居住下来之后，公元前15世纪，雅利安人的到来并定居是印度文化史上的一件大事，因为它成为后来印度人的主体：创建了印度的国家制度，形成了种姓制度，创建了婆罗门教，等等。雅利安人确实做了不少开创性工作。后来波斯国王大流士率军入侵，马其顿国王亚历山大在征服波斯帝国

后进入印度，使印度与西亚、欧洲的通道加宽了。7世纪阿拉伯帝国向印度扩张，把伊斯兰教引入印度，使一部分人改宗了伊斯兰教，后来突厥人也进入了印度。15世纪到16世纪，葡萄牙人侵入印度，随后是英国人的进入，实施其殖民政策，并立住脚跟。整个一部印度历史，就是文明交汇的历史。印度文明来自各种文明之间的冲突、交流与融合。

印度文明随着经济社会，尤其是技术进步而不断变化。雅利安人带来了自己的生产工具，改变了古印度的生产方式，西方殖民主义带来了工业革命的成功，也给印度带了新的技术和企业，以及民主制度；互联网和信息技术革命更是深刻影响了印度社会的发展。纵观历史，印度一直是随着世界潮流不断进步和发展的。文明，就其本质来说，不是纯粹的，而是在冲突和交流不断发展的，抱残守缺是文明进步之大忌。

就现代来看，印度位于东亚和西亚之间，经济战略位置重要，不论是海路还是陆路，它都可以与中亚、西亚、东南亚和东亚有着便利的连接，有条件成为服务亚洲所有地区的有利区位。

三、在现代化中创造新的历史

近年来，印度经济迅速发展，经济增速经常保持世界第一，在金砖国家也是比较好的。根据联合国人类发展报告，2020 年印度处于中等人类发展水平，在世界上居 130 位。[1]

印度的经济结构比较合理，初步建立起完备的经济体系，在制药方面有了长足的进步，经济在向高端方向迈进。在一个日趋复杂的全球化体系中，国家朝着什么样的方向发展，既取决于国家内部的治理体系和治理能力，也取决于国际交往中的机遇和机会，以及它如何与国际治理体系接轨。

随着互联网的广泛使用，印度社会开始变得越来越开放和包容。一直被视为保守的印度妇女，新技术革命和全球化进程中越来越成为印度社会发展的重要力量。新媒体成为印度女性，尤其是女网民参与社会活动、争取权利和获得"赋权力量"的重要途径。有对印度女性网民的研究表明，教育、职业机会、女性权利、健康、健身等领域是她们最为关心的问题。印度的女性为了在互联网时代保持自己职业的领先地位，也通过各种途径来提高自己的网络使用技能。尤其是在那些年龄在 18—23 岁之间的年轻女性中，这一点更为突出。有调查发现，女性的上网时间大约在下午的 3 点至晚上 9 点之间，1/5 的女性使用英语在线交流，也广泛应用其他语言，包括印地语、马拉雅拉姆语、卡纳达语、泰米尔语、马拉地语、孟加拉语等。

1　国家统计局：《2022 年国际统计年鉴》，中国统计出版社 2023 年版，第 346 页。

　　每个民族文化中的性格与习惯都会产生一定的后果，给这个民族带来幸福或忧伤、富裕或贫穷、健康或疾病，决定着每个国家和民族中的个体的命运发展。国家和民族发展的最终目的是改善人民福祉。印度的宗教信仰是决定印度民族的核心因素之一，也给这个民族带来了快乐。印度的饮食习惯给这民族带来了快乐、幸福，也带了现代人常说的"富贵病"。从最早的居民，到后来的雅利安人、波斯人、葡萄牙人、英国人，以至于当代的全球化下的多元交流与碰撞，印度文明不断丰富，不断改变，尤其是当代技术进步带来的文明发展几乎是不可阻挡的。正如卡迈勒·纳特所说的，变通，"体现在印度对西方国家的态度上，就是竞争，却不敌对。在普通的话语中，几乎没有什么积怨，更没有什么仇恨。印度人的创业精神，崇尚的竞争，并对首创者充满了敬意"。[1] 这在文化上就是包容。中印之间不存在巨大的意识形态差异，也没有那么多"道不同不相为谋"的感觉。最近，美国商务部把印度列入《战略贸易许可例外规定》，认定其为"最受信任"的国家，美国对印度打开了高技术产品出口的大门，推动印度崛起的战略意图显而易见。印度一定会不遗余力抓住发展机会，这是可以肯定的。未

1　〔印〕卡迈勒·纳特：《崛起的印度》，张旭译，湖南人民出版社2012年版，"绪论"，第10页。

来，它有可能成为一个世界强国，因为历史上，它曾经有过这样的辉煌。当然，这将取决于诸多因素。在这里，文明发展的路线不是直线式的，而是犹如一辆永不停驶的公共汽车，有的上来了，有的下去了，循环往复，永无止境。就近几百年的世界历史来看，任何一个国家如果抵御以技术进步为主导的现代化，也就无法实现技术进步带来的文明。当然，技术进步的列车是可以承载不同形式文明的。文明是多样的，西方的、东方的，南美的、北美的、非洲的，等等，都可以在现代科技的列车上展示自己的风采。由雅利安人创造的种姓制度、印度教，尽管历经孔雀帝国、南北诸王朝，以及后来的殖民统治，依然在发挥着它的作用，只是在不同的阶段的方式不一样罢了。

印度社会有三个特征在跨文化的比较中会看得更加清晰，这就是宗教、种姓和国家。宗教作为印度最有特色的文化核心源远流长，影响至今，迄今依然为世人关注，它集信仰、处世做人和认识未知于一体；种姓作为印度特色的社会等级制度也是由来已久，影响深远，并且在近代历史进程中为英国殖民主义统治者所用。历史证明，作为社会等级制度的社会结构形式一旦与政治结合起来，就不是简单地可以从文化和价值上消除的，某种程度上会得到更大程度的固化。随着国家的工业化、国际化、市场化和城市化进程，会出现平等主义价值与等级观念价值的不间断冲突与摩擦，可能的结果有两个：一个是政治和社会上的等级制度让位于平等主义的价值观，实现与政治现代化与工业化、国际化、市场化和城市化的齐头并进，国家走向持续发展和繁荣；另外一个是政治和社会上的等级制度故步自封，与工业化、国际化、市场化和城市化冲突，国家发展陷入停滞。当初，雅利安人创立种姓制度是为了自己统治。英国殖民主义者保留了印度的社会等级制度，维持了它在当时的统治和利益，给后来的印度社会进步造成巨大障碍。印度的这种等级制度最初主要表现在社会领域，又延伸到政治和经济领域。英国殖民主义者构造了一个印度的现代政府构架，但是并没有构造一个现代社会的构架。一个现代意义上的政府并不一定就能构建一个现代社会，关键问题是政府愿不愿意去创造一个现代社会，或者说这个社会有没有这样的习惯去这样做。民族与个人一样，也有自己的民族习惯。我们且称这种民族习惯为民族的文化基因。年轻的人习惯好改，年长者的习惯改起来难度就会大一些。历史悠久的民族的习惯可能会成为巨大的历史包袱，使其不自觉、不断地陷入历史发展的怪圈。如果有了经济的强有力推动，社会取得一定的进步是没有问题的，经济发展本身也会启民智，若是政府能够助力社会现代化，那就构成了现代社会发展的三条腿的板凳，全面发展就会有一个坚强的支撑。社会治理现代化不仅仅是治理手段的现代化，更是社会自身的现代化，是全体居民的心理、行为、价值、文化、生活方式的现代化。没有社会的现代化何以谈得上社会治理现代化？尽管印度有民主制度，但是种姓制度大行其道，大量人口处于文盲和半文盲状态，这是印度社会发展必须面对的现实，没有社会现代化，政治民主化将步履维艰。迄今为止，我们看到了印度在经济发展，在对外开放的进程中逐步推进了社会的进步，人们的生活方式在改变，年轻一代的思想观念在变化，社会结构也在逐步调整，但它的政府治理、社会结构和整体的价值体系还构不成强有力的三条腿的板凳。

我们可以通过与美国的比较来进一步分析印度存在的问题。如果说，美国文化是一个"大熔炉"，不同的民族和文化最终融合在美国的价值观之中，那么印度更像一盘"沙拉菜"，五彩缤纷、五味杂陈，没一样菜还保留着各自的味道。阿马蒂亚·森看到了这点，也指出了亨廷顿把印度文明视为印度教文明的局限性，印度文明是一个包含了印度教、伊斯兰教、锡克教等诸多宗教和文化的文明综合体。但是，也必须看到，印度的地方主义、教派主义将是长期困扰印度的不同群体身份认同的重要因素，要把印度打造成一个文化、语言、种族认同的国家还是需要很长时间的。当然，也许政治民主化、社会现代化、经济信息化以及人口城市化会大大缩短这个过程，也会为这个过程助力，但最终的结果还要看印度人民或政治家如何在其中权衡和选择。种姓制度和信奉宗教并没有也不会消磨掉这个国家的人们的进取心和工作热情。回顾20世纪至今的历史，印度的独立在一定程度上复活了许多群体和地区的排外主义、地方主义、传统主义以及地方自治主义。经济的现代化会不会进一步激活民族主义的情绪？印度政府能不能管控本国内部的各种情绪，最大限度取得各个地区和各个群体的认同，并在全球化环境下最大限度消除民族主义，尤其是敌对情绪，并拥抱这个在信息技术基础上的日益一体化的世界，这无疑是对印度民族智慧的巨大挑战。在迈向现代化国家的进程中，没有一个国家能够摆脱这样的困惑和挑战。

印度文化深深打上了宗教、种姓、族群的烙印。制度不同，文化自然不一样。一般说来，社会进步的标志之一是这些烙印会越来越式微。文化品质的一般性会越来越趋同，随着城市化、工业化、信息化，宗教、种姓、族群会越来越难以辨认，当然，对于印度来说，这需要一个漫长的过程。不过人们已经看能到，在政治领域、经济领域和大都市，原先那些具有个性特征的文化越来越难以分辨出来，所谓"高种姓"和"低种姓"在现代企业尤其是跨国企业越来越难以分辨出来，就是一个很好的例证。人类学有一种观点，文化总体而言都是文化，各个民族和国家都有自己的文化，似乎也可以不分好坏，好与坏都是相对的。相对于"各美其美","美美与共"就上升了一个层次，带有更大的文化包容性，"美美与共"企图塑造对一个多元文化下的世界整体性的价值观、文化之间的规范、归属、认同的一系列原则。面对被经济和文化撕裂的世界，人类须保持心灵的整体性。印度文化，如能超越了各个教派、各个族群，并以超越时代的包容性看待自己和其他文化，则可能成为未来世界文化之榜样，尤其是它对精神世界的追求更是人类社会发展之大势。事实上，每个历史时期，总会有一个基本的标准，而且历史在发展，社会在进步，经济在繁荣，人类对于自身文化的评价标准在不断提升，例如健康的饮食习惯似乎逐渐被各民族所接受。即便是那些在印度人从宗教视角看来是好的文化，譬如喝恒河水，也会随着经济水平的提升、技术进步和生活水平的提升逐步得到改变。文化需要自信，文化也需要自觉。在文化自觉基础上的文化自信更能给各个民族带来进步和福音。

印度作为一个世界人口大国和具有巨大经济潜力以及发展潜力的国家，怎样以自己的不同文化、不同语言、不同意识形态与其他大国，例如美国、中国来处理共同的国际问题？这将是新世纪印度面临的根本问题。20世纪后期以来，各个国家之间的差别似乎不再是意识形态，而是文化之间的差别，尤其是群体文化，这是社会学、人类学和心理学需要关注的问题。但是，进入21

世纪 20 年代，意识形态的差别又成为国家之间的争议问题。我们可能会进入这样一个时期，按照费孝通的设想，各类文明应当"各美其美"，世界上所有的文明和文化都应当得到复兴和引起人们的关注，但是，在一定历史阶段总有一个或几个主要的经济技术作为全球发展的推动力，与这类技术和经济体制相适应的文明或许只有几类，几个主要的文明和文化。印度在 20 世纪以来发生的变化的主要原因是什么？自然是这个时期的技术进步和经济发展，当然，这样的环境下，文明之间的交流就显得更加重要。

如果我们相信进化论，那么剑桥大学考古学家科林·伦弗儒的判断值得关注。"人类分布到世界各地，尼安德特人消亡，人类来到美洲，语言出现并伴随艺术和农业传播，语言与陶器相关联，今天我们周遭的不同语言，这一切的一切都各有其次序，也由此开启了进化综合论的最后篇章。"[1] 人类早期的各大文明之间可能最初没有什么密切接触，但有些基本制度按照大致的路径发展起来，后来随着交通发展、人口迁移、信息交流，主要文明之间开始冲突、交流和融合。印度在近几个世纪在文化领域所作的努力，主要是在探索自己的源远流长的文化如何与西方文化寻求妥协。如何回

---

1 〔英〕彼得·沃森：《20 世纪思想史：从弗洛伊德到互联网》，张凤、杨阳译，译林出版社 2019 年版，第 691 页。

应西方的科学、政治、学术、思维方式的侵入几乎成了一些历史文明古国的主要任务。

印度文化的性格与习惯产生了一系列的社会后果和个人后果，宗教信仰使人们的精神世界得到了充实，带来了幸福，但是宗教也带来了政治上的冲突和生活中的烦恼，无论是普通习惯还是核心习惯都决定了印度这个民族的发展、健康或疾病，而这些又会进一步影响人际关系、个人情绪，乃至整个社会发展的状态。但是，我们也看到，印度人的习惯带来的问题有些已经开始被印度人自己觉察，比如大家庭、种姓制度、男女不平等、饮食习惯带来的健康问题，诸如此类，这种觉察就是我们通常意义上的文化自觉。要改变习惯，尤其是那些陋习，首先需要对它们有所反思和观察，就一个民族来说，大部分习惯是在特定环境和历史中形成的，若是这种环境不发生变化，习惯就会持续下去。但在与其他文明之间发生碰撞时，就会出现文化自省。问题是，印度和世界上所有的国家都遇到了全球化和技术进步浪潮，而且，到目前为止，信息化和人工智能将要带来什么，我们还不能完全预料，这些压力对于任何国家和地区都不会是无足轻重的。

无论如何，印度宗教文化的影响是深远的，但是宗教在印度，犹如在其他国家，作为人类精神的一部分是在不断进化的，一个完全依靠古老的宗教来延续的现代民族是难以达成自己目标的。近代以来印度精神进化的历史就说明了这一点，文化、现代化、城市化、技术进步的协调对于改善民族福祉是不可或缺的。当然，这不意味着文化必须随波逐流，必须趋向娱乐化，但是娱乐文化永远是文化中的一部分，印度文化的异彩纷纷恰恰是反映了它们能够把欣赏与娱乐有机结合起来，把历史与现实、传统与现代有机结合起来。

印度的经济改革和随着经济发展出现的深刻社会变革，为进一步的经济发展创造了良好的环境。根据2018 年世界经济论坛的《全球竞争力报告》，过去十年间，印度的国内生产总值年增长率为 6.8%，2018年在世界上的排名为第 58 名，是 20 国集团国家中上升最快的，被列为"十大最进步经济体"。[1] 目前正在发生中美贸易战，无疑对中国的营商环境产生了重大影响，为了在这场贸易战中寻求发展和投资保障，日本、韩国、澳大利亚，极有可能更加关注印度，许多在中国组装产品的工厂会向印度转移。2018 年夏季以来，澳大利亚、日本，以及我国的台湾地区纷纷宣布新的南向印度的策略和战略值得进一步关注，但是印度能不能承担起这个责任还有待于进一步观察亚洲各国之间能否达成贸易协议，以及印度自己的国内基础设施建设。

1　戴超武主编：《印度国情报告：2019》，社科文献出版社 2020 年版，第 5 页。

当代印度人文化中的性格与习惯是由多种因素聚成的，至少应当考虑文化基因、民族性格、时代心态、历史发展、发展契机，以及这些因素之间的相互作用。下面我们看看构成和影响印度文化中的人性与习惯的这些因素：

文化基因：印度教和其他宗教。印度能够接纳多元的状态、众多的教义和信仰。这就构成了这个民族的群体习惯。

民族性格：善良温和、机智聪慧、自信坚韧等。坚持不同的教义和信仰之间的对话与交流。"过去60年里，印度始终坚定不移地拒绝任何一种文化或宗教成为它的正统。它并没有强制别的人们去学习占人口比例最大的印地语。事实上，《宪法》认可22种民族语言。它也允许小宗教团体的信徒有绝对的自由来践行他们的教条，甚至允许他们宣扬自己的信仰。"[1]

时代心态：乐观、包容、功利、自我。开明的襟怀，对其他宗教信仰不持对抗态度。印度首任总理尼赫鲁就特别强调历史上对于异端的宽容和对于多元主义的态度。复杂的民族、多元的文化和各自为政的政府，确实需要统一的文化价值来增强这个国家的凝聚力和自豪感。

历史发展：悠久、多元、殖民、保守、愚昧。从

---

1 〔印〕卡迈勒·纳特：《崛起的印度》，张旭译，湖南人民出版社2012年版，第11页。

购买力计算，印度目前是世界第三大经济体，国民生产总值的增长速度是年均7%，《亿万富翁拉吉：穿越印度镀金时代的旅程》的作者詹姆斯·克拉布特里（James Crabtree）在这本书中写道，随着民主在西方的动摇，民主在印度的未来从来未像现在这么重要过。[1]这个国家期望在其独立100周年之际进入世界发达国家行列，人民生活水平得到大大提高。[2]

发展契机：穆斯林和英国殖民者入侵、改革开放、全球化。印度自20世纪80年代以来逐渐开放，20世纪90年代开始改革，印度面临巨大的发展契机。始于1991年的改革范围之广、影响之深是前所未有的，它彻底改变了印度人的生活方式、工作方式、娱乐方式。如今的印度人，仍然在享受这场改革的红利。新一代的印度人正在做他们的父辈不敢做的事情。

印度人如果能够好好地发挥他们的传统和民族性格，扬长避短，着眼长远，全面观察、深刻反思，进而进一步改革创新，也许在当今物欲横流的世界会有不少的机会，尤其在未来文明替代中根据自己的优势和特色寻找到自己的机会。但若是盲目跟从，或者故

---

[1] James Crabtree, *The Billionaire Raj: A Journey Through India's Gilded Age*, One World Publications, 2018.

[2] 戴超武主编:《印度国情报告: 2019》，社科文献出版社2020年版，第6页。

步自封，肯定是没有什么出路的。做一个强大的国家靠的是开放包容、国富民强，一个伟大国家的崛起依靠的是海纳百川，有容乃大。

四、探索人类的共同习惯

中国人讲"化"是有历史传统的，不仅我们现在讲"中国化"，历史上也曾有人探索"西化""印度化"，凡此种种。这个"化"的文化本意是什么？"化"意味着文化主体的排他性和需求群体归属感，也就是对其他文化的态度：排斥、接近、吸纳、融合。凡此种种，一方面坚持自己的主体性；另一方面是学习、接纳和融合其他文化。这是一个永恒和持续的过程，也是人类文明史的基本过程。梁漱溟先生在 90 多年前就说过这样一句话："印度民族所以到印度民族那个地步的是印度化的结果。"[1] 梁漱溟先生在这里讲的这个"化"，是中国进入半殖民地半封建社会以来学术界形成的一种民族自省的思维习惯。意即把那些外在的东西主体化、内化的过程。历史悠久的文明都有这样的一种内生力量，强调自己作为主体在面对外来文化、制度、思想等的过程中如何保持自己的主体性，同时又能吸纳新的东西、新的内容。反

1　梁漱溟：《印度哲学概论》，中华书局 2018 年版，第 296 页。

之，我们也可以这样去理解"印度化"，只是这里的印度化不是印度学者说出来的，而是我们中国学者说的，即由梁漱溟先生提出来的，这也许就是一种文化习惯。正如"印度，你只要见一眼就永远也忘不了，因为它同世界其他地方都不一样"。[1] 这个"不一样"是从马克·吐温的嘴里说出来的，是一个外来者对另外一个国度做出的界定。不同文化之间永远会存在这样一种理解和界定，它"化"出了文化的主体性，当然，各个主体如何去看这种"主体性"那只能靠"内省"了。换句话说，这是由民族国家的主体性的认知理念造成的一种文化心态。这种民族形态理论形成于19 世纪，也就是中国在经历鸦片战争之后进入半殖民半封建社会的阶段，也是印度正在形成统一的民族意识的阶段。两个国家都是在这样的时期成为民族国家的。尽管人们对于印度文化的渊源有着各自不同的解释，或者是外来的，或者是在外来文化基础上，比如"印度教"，经过长期的历史发展形成的，在印度成为一个民族国家后，"印度教"本身对于印度人如何理解自己的定位无疑发挥着十分重要的作用。"英国人开始统治印度之后，认识到印度与基督教和伊斯兰教相匹敌的'印度教'的存在，也认识到梵文古典文献

---

[1] 《图行世界》编辑部：《印度：众神眷顾之地》，中国旅游出版社2017 年版，第 1 页。

是印度教的经典。除了伊斯兰教、耆那教、锡克教等带有明显特征的宗教,英国人将东南亚次大陆其他各地不同的宗教信仰和礼仪统一理解为'印度教'。他们也认识到,只有印度教才是'印度文明'的根本。从这个角度来看,英国人发现了'印度文明'。"[1]

文化自省和文化自觉已经不是什么新事物,1947年,费孝通教授在讨论美国人的性格时就已经考虑到这个问题了,他当时说道,"如果我们不愿意人类自相残杀,以致消灭,很显然的,我们只有积极的促进这世界性社会的形成。我们也就得极力克服文化的个别性所造下的阻碍。怎么去克服呢"?[2] 各个民族在自己的历史和环境中形成的文化都有其必然性,印度文化中的人性与习惯也不例外,但在一个互相交流和沟通融合的世界里,文化之间如何相处?费孝通当时给出的办法是,"我们如果要改变这种态度,只有充分发挥人们的理性,这就是我在上面所说的'民族自省'。在这件工作上,社会科学可以有它们极重要的贡献"。[3] 这里可以引申出两个问题。一是费孝通在晚年提出的"文化自觉"其实已经孕育在他早年对于美国文化和中国文化的认识与反思之中了,因为在写《美国人的性

---

1 〔日〕羽田正:《东印度公司与亚洲之海》,毕世鸿、李秋艳译,北京日报出版社 2019 年版,第 297 页。

2 费孝通:《美国与美国人》,生活·读书·新知三联出版社 1985 年版,第 213 页。

3 同上书,第 215 页。

格》的同时，他也在写《乡土中国》，而且是应《世纪评论》约他为长期撰稿人的邀请。文化自觉是发生在跨文化的比较中的一种内省。从这段论述已经看出他晚年提出的"各美其美、美人之美、美美与共、天下大同"的影子。二是各个民族的"文化自省"并不是一件容易的事情，从米德开始反思美国文化，进行对美国的"文化自省"已经快一个世纪了，各个主要文化体之间依然在"各美其美"中生活，走向"美人之美"还需要时日。主要原因在于，每个民族都会认为自己的文化、人性、性格是"最标准"的，这是各个民族在坚定走自己发展道路进程中以应有的自信来维持自己文化的绵延的根本力量，"尤其是在战斗中，为了士气必得坚强自信"。[1] 在一个多元文化的世界里，环顾各个文明，去发现自己的特点和自己的不足，既不断增强斗志，又不断完善自己，这大概就是费孝通在晚年讲的"各美其美"的含义。

接下来需要讨论的问题是，什么是人类共同的、最好的习惯？各个民族和文化之间是否能够找到评价最好习惯的标准？必须承认每个民族的个性，同时也必须承认所有民族的共性，否则就找不到各个民族建立命运共同体的价值基础。我想至少应当具备两个标准。一是普遍性，能够平等地、没有例外地应用到每

---

1 费孝通：《美国与美国人》，生活·读书·新知三联出版社 1985年版，第 204 页。

一个人身上，是每个人都渴望的。对于个人而言，好的习惯可以让人顺风顺水、健康快乐生活和愉快顺利地工作，这似乎可以成为一个具有共同认可的标准。二是服务于整个人类的共同目标，对于各个民族、国家都渴望的。想来想去，若是为了建设人类命运共同体，费孝通教授晚年提出的"各美其美，美人之美，美美与共，天下大同"似乎应当成为各个民族、国家的共同习惯，在这样共同习惯的基础上，不同民族、国家在思维习惯上要相互理解、设身处地，理解对方为什么会这样思维，它的历史、地理、文化、政治、社会背景是什么。彼此理解和认同对方的社会习惯；相互欣赏对方的文化艺术习惯；彼此接受对方的社会习惯；在共同的工作中逐步形成一致的有利于工作的工作习惯。个体的习惯是针对单个个体的生活和工作的，是个自己的事情；群体的习惯是针对群体如何相处的，是心与心之间的关系。在此基础上，还需要探索人生的意义和价值，只有当全体人类找到了共同接受的人生意义和目的，个体才能安身立命，群体才能和谐共处，"天下大同"的理想方能落地。

培养全世界共同的、良好的习惯首先需要一种习惯的自省，各个民族和群体需要自觉地反思自己群体和民族中习以为常的那些习惯，这实际上是非常困难的，因为跨越文化界限的理解在当代依然存在巨大困难，这既适应于艺术、宗教，也适应于当代政治，甚至深深嵌入几乎所有的领域，成为习惯。正如阿马蒂亚·森所言，"在当代印度，有一种日益增强的倾向，主张捍卫业已'抵制'了外来影响的本土文化，不过这一倾向既缺乏说服力，也缺乏可信度"。[1]恐怕这种现象不仅存在于印度，也存在于其他国家，当然这里，我们还要考虑阿马蒂亚·森如此这般说话的其他原因，比如他的身份。习惯在很多情况下是不自觉的、习以为常的、理所当然的行为。对于个体来说，习惯可以决定命运；对于民族来说，习惯可以决定国运。在当今世界，如何建立一套与现代科学技术、现代经济体系相适应的文明制度、风俗习惯，是国家治理体系和治理能力现代化的基本内核，也是建设人类命运共同体必须跨过的一个门槛。

全球化绝不是简单的各国贸易和经济往来。21世纪将会是这样一个世纪：国家的文化和人力资源储备将在其发展中发挥着决定性作用，尤其是国家的人才储备和企业创新能力，这些才是决定一个国家国际地位的根本因素。文化是新世纪的利器，这种利器的杀伤力源自它的影响力、吸引力，和获得他人认同的能力。他山之石可以攻玉，他人之长可以补短。只有正视世界，才能理性地认识世界，才能不败和自强于世界民族之林。

---

1 〔印〕阿马蒂亚·森：《惯于争鸣的印度人：印度人的历史、文化与身份》，刘建译，中国人民大学出版社2018年版，第107页。

后　记

　　这书中的部分内容原本是我参与恒源祥集团与中国艺术研究院的联合研究项目"文化中人性与习惯"的子课题报告。该子课题报告已经于2019年上半年完成并提交给课题组，当时想这项研究也就算告一段落了。

　　说到研究"印度人的习惯"，这里还要交代一下恒源祥集团与中国艺术研究院共同发起组建的"文化中人性与习惯"研究课题组。2018年"两会"期间，有一天早上我在会议驻地餐厅遇到著名陶塑艺术家、中国艺术研究院艺术创作研究院院长朱乐耕先生。乐耕先生告诉我，他的太太，著名艺术人类学家、中国艺术人类学研究会会长，也就是受我的导师费孝通先生指导的同门师妹（不过她年长于我）——方李莉教授——在恒源祥集团董事长刘瑞琪先生的鼎力支持下，正组织研究"文化中的人性与习惯"，内容涉及世界主要文明中的"人性与习惯"，诸如"美国的文化中的人性与习惯""日本的文化中的人性与习惯""欧洲的文化中的人性与习惯""中东的文化中的人性与习惯""中国的文化中的人性与习惯""印度的文化中的人性与习惯",等等。其中,"印度的文化中的人性与习惯"还没有找到项目牵头人,乐耕先生问我是不是对这个题目有兴趣。我欣然允诺,并与方李莉教授取得了联系,了解到了整个课题研究的来龙去脉、研究初衷、基本要求,并约好"两会"结束后一起去拜会刘瑞琪先生,进一步深谈。

"两会"结束的当天下午,我离开会议驻地前往坐落在北京市东三环附近的潘家园恒源祥大厦拜会时任恒源祥集团党委书记、董事长刘瑞琪先生。刘瑞琪先生在改革开放初期成为中国传统名牌"恒源祥"的掌门人,几十年来,率领恒源祥集团全体员工艰苦创业,把一个小小的毛线销售商店,发展成为一个拥有数百亿资产的品牌企业。在数十年的经营打拼中以及频繁的国际交往交流中,刘瑞琪先生认识到了品牌在企业发展中的重要价值,进而开始反思民族品牌与民族文化,以及其他更深层次的问题,从一个企业家成功地转型为一个文化企业家,承担起了企业的社会责任,也进行了一系列有深度的思考和探索。刘瑞琪先生数年前主持了一个课题研究,他将其命名为"人性与习惯",并进一步分解为"宗教与习惯""制度与习惯""天地与习惯""品牌与习惯""文化与习惯",等等，分别由中国社会科学院宗教研究所、北京大学政府管理学院、北京师范大学地理学院、上海社会科学院经济研究所和中国艺术研究院组织课题组承担并开展研究。

写出这样一本书拿出来出版，我心里还是非常忐忑的，因为自己没有去过印度。2018 年底，时任北京大学政府管理学院院长俞可平教授组团访问印度，进行学术交流，邀我一同参加，这自然是绝好的调研机会。可惜由于种种原因，未能成行。一个没有去过印度的人写印度，自然感觉十分心虚。另外，印度是一个多元民族、多元文化的国家，要完全把印度文化中的人性与习惯说清楚，不是那么容易。所以我不敢把这本书当作一项严谨的科学研究成果，自己也不相信它能够全面真实地反映出印度和印度人的实际，因此，也就权作自己的读书学习札记，或者是自己在读书过程中的一些零星感想。有时为了给自己壮胆，就时常想起美国著名人类学家本尼迪克特 1944 年为满足美国政府战时决策需要，在未曾去过日本的情况下，在美国本土专题研究日本的民族性，后来写就了著名的《菊与刀》。无论是战争时期，还是和平建设时期，对于其他国家的文化了解是制定各项政策或者建立良好关系的最基础性工作。在构建人类命运共同体这一伟大事业中，仍有很多工作需要去做，其中之一，便是对不同国家的文化、人性、性格和习惯的了解。在五年间零零散散的时间里，仅通过读书和网络浏览去寻觅有关印度文化中的人性与习惯的文献，其实是奢望，也只好敬请读者谅解我的"盲人骑瞎马"了。在出版之际，经多方征求意见，反复思量，将这本小册定名为《印度人的习性——印度文化读书札记》。

这本书出版之际，我要感谢中国出版传媒股份有限公司董事、副总经理、商务印书馆原总经理于殿利先生。他的牵线搭桥，使我有幸认识了商务印书馆柯湘老师，此书出版得到了柯湘老师的大力支持。没有他们的付出，就没有这本书的出版，在此对各位的辛劳表示衷心的感谢。

丁元竹
2023 年 10 月 1 日

图书在版编目 (CIP) 数据

印度人的习性：印度文化读书札记 / 丁元竹著 . — 北京 : 商务印书馆 ,2023
ISBN 978-7-100-23212-8

Ⅰ . ①印…　Ⅱ . ①丁…　Ⅲ . ①文化－研究－印度　Ⅳ . ① G135.1

中国国家版本馆 CIP 数据核字（2023）第 215605 号

印度人的习性

印度文化读书札记

丁元竹　著

商 务 印 书 馆 出 版
（北京王府井大街 36 号　邮政编码 100710）
商 务 印 书 馆 发 行
北京中科印刷有限公司印刷
ISBN 978-7-100-23212-8

2023 年 11 月第 1 版　　　开本 880×1240　1/32
2023 年 11 月第 1 次印刷　　印张 7¼

定价：78.00 元